心理學什麼

一天十分鐘，讀懂成語和人心

蘇渝評　著

三民書局

我們與心理學的距離，是如此靠近　　陳志恆

　　身兼心理專業人員，同時也是出版作家的我，時常透過筆耕撰文推廣心理學知識，讀起《心理學什麼——一天十分鐘，讀懂成語和人心》一書時，特別有感。

　　為什麼呢？每當我在寫案例分析的文章時，總是絞盡腦汁要找到能貼切形容某種典型人格特質的詞語，只可惜書到用時方恨少，常常懊惱不已；或者，當我要描述某種心理學現象時，為了讓讀者印象深刻，在詞語的選擇上，總需要字斟句酌，好希望能立馬引起讀者共鳴，卻苦思不得。

　　而《心理學什麼——一天十分鐘，讀懂成語和人心》這本書，幫我解決了長久以來提筆寫作時，總感辭不達意的憂慮。因為，這是一本把心理學專業知識與成語做結合的書籍，讓你知道，日常生活中的常見成語，都可以由心理學來解釋其原理原則。

　　拿「飢不擇食」這個成語來說好了，為什麼一個人會餓到只要有得吃就好，連挑都不挑呢？我們可以從心理學中的「需求層次理論」來解釋。人本主義心理學家馬斯洛認為，人類的需求是有層次的，基本的生理需求滿足後，才會追求更高層次的安全、社交、自尊，甚至自我實現的需求。若下層需求未被滿足，人們關注的焦點就只會在是否吃飽、穿暖以及安全與否，對於是否受到尊重、是否有人喜愛，甚至關於夢想或意義的追尋，根本無暇顧及。所以，當一個人的生活中連

飽餐一頓都是困難的事情時，自然也不會挑剔食物是否營養或美味了。

　　我覺得，不論透過文字或語言，成語都是很妥適的溝通媒介。因為，成語中有著我們都能共同理解的意涵，因此，常能在訊息傳遞時，讓接收者深感共鳴，或者易於明白。而若能把心理學的專業知識加進來，就更為有趣了。

　　有一次，我需要在演講中，向聽眾說明網路成癮的現象。為了界定「成癮」是什麼，我左思右想，專業詞彙如此艱深，究竟如何說明，才能與聽眾腦中的認知基礎相互呼應，而能一點就通呢？後來，靠的也是成語。為了說明「強迫性」這個概念，我用了「廢寢忘食」來比喻；為了說明「功能降低」這個詞，我甚至搬出了「家破人亡」、「妻離子散」、「散盡家財」等成語來形容。只見聽眾發出會心的微笑，我知道，他們能理解了！

　　感謝蘇渝評醫師寫了這本好書，有種相見恨晚的感覺。還記得大學時，初學心理學，抱著厚厚的普通心理學教科書，沒日沒夜地啃著裡頭的專有名詞。如果當時就有這本書，能透過朗朗上口的成語，來理解心理學中艱澀難懂的專業知識，學習起來，應該會更為有趣吧！

　　如果你也對心理學感興趣，這本書裡有著系統性的心理學知識，可說是本簡易版的教科書，而每個篇章後面，都附有與該篇章主題有關的成語解釋，讓你學習起來更有感。原來，心理學是如此生活化，離我們的日常，是這麼的靠近。

（本文作者為諮商心理師、暢銷作家、美國 NLP 大學認證高階訓練師）

當心理學邂逅成語

蘇渝評

　　開始《心理學什麼——一天十分鐘，讀懂成語和人心》的編撰，對我來說是趟奇幻的旅程。

　　即使自己在學生時代就常在網路上寫些強說愁的小說；即使自己在書報專欄上已有過不少醫藥衛教文章的發表經驗；即使自己也已經完成要在書店架上看見寫著自己名字的書的夢想，但是，在這之前也從來不曾想過自己會參與和「成語典」有關的寫作。因此，當三民書局邀請我參與《心理學什麼——一天十分鐘，讀懂成語和人心》撰稿時，我先是愣了一下——這不是中文系的老師在做的事嗎？

　　但是當編輯告訴我《心理學什麼——一天十分鐘，讀懂成語和人心》編撰的緣由後，我很快就答應了！對我而言，這就像是趟沒人走過的旅程，旅程中的一切都是未知。這挑戰似乎挺有趣的，而且可以幫自己複習成語好像也不錯呢！而像這樣跨領域的學習：成語與心理學，也正是我所喜歡、並且常做的事。不論是在醫院的診間、學校的教室或者家裡的書房，面對病人、學生與小孩，我習慣舉簡單的例子來解釋複雜的道理，化繁為簡，接著由簡入深，也時常需要因材施教。

　　在臨床工作上，問心情是否「憂鬱」，大部分的年輕人都懂這兩個字是什麼意思；但對於許多上了年紀、教育程度不高的長者而言，「憂鬱是啥貨？」甚至明明看起來一臉愁苦的阿公阿媽，我問他們是否「心情不好」，他們一樣說沒有，因為他們不知道怎樣的心情算不好，他們

的字典裡甚至沒有「心情」這個辭彙。因此我得旁敲側擊，用不同的問句或者臺語找出我要的答案：「會想不開嗎？」、「會煩到吃不下、睡不著嗎？」、「心肝頭會阿雜悶悶嘸？」當病人點頭時，接著深入點再多問一些：「發生了什麼事？」、「哪會按呢？」當要解釋為什麼藥物能對心情有所幫助時，我也得視病人的型態做不一樣的說明：「這個藥物可以幫助你大腦內的神經傳導恢復正常」、「這個藥你吃了就不會胡思亂想了」，目的只有一個，讓病人得到他能接受的答案，並且真正康復起來。

在一對一的談話中，我可以視對方的狀況用不一樣的話語讓對方得到答案；但寫書如《心理學什麼——一天十分鐘，讀懂成語和人心》，似乎就不是這般簡單了，因此我試著用輕鬆的方式將或許繁雜或許艱深的心理學知識與成語做連結，並且經常舉出例子，希望讓每一位讀者都能從中有所收獲：原來這些成語的背後也有心理學的原理！原來心理學沒有想像中的困難！原來成語這麼有意思！

當觀眾看完一部電影之後，除了劇情本身帶來的的震撼與感動之外，我們對劇情以外、故事的歷史背景、提及的知識等等也會有了一定程度的認識。同一部電影，有些人喜歡看過一遍沾過醬油就好、有些人喜歡燒腦地剖析電影裡的每一個場景與彩蛋、有些人會在電影之外尋找更多相關的資訊來擴大電影所帶來的收獲與感動。我期待《心理學什麼——一天十分鐘，讀懂成語和人心》能像一部好電影般，除了讓讀者們能得到成語與心理學的相關知識外，也能從中獲得屬於自己的生活中的啟發！

二、情緒

三、人際／社會

四、行為／思考

五、生理機能

01　互為表裡的人格 ⎯⎯⋀⋁⋀⎯⎯

人格理論、本我、自我、超我

　　關於「人格」(personality) 的理論有很多，這邊先介紹大家最常聽到的奧地利心理學大師佛洛伊德 (Sigmund Freud) 所提的人格結構理論。

　　人類對於「我」這個概念的認知是很複雜的，你可能也曾聽說過「我自己都不很了解我自己」這類的話。佛洛伊德將「我」初步分為三個部分：本我、自我及超我。

　　一、本我 (id)：本我可以想成是「本能的我」，是在潛意識中有如動物本性般的存在，是人類欲望與衝動的來源，遵循的是「唯樂原則」，只求欲望的實現與滿足，例如餓了就吃、喜歡就占為己有。

　　二、自我 (ego)：自我可以想成是「現實的我」，會經過後天的學習與環境的改造，它介於本我與超我之間，作為本我與環境交互作用下的調和者，遵循的是「現實原則」，也代表著常識。例如肚子餓了，「本我」看到店裡的麵包會想一手抓過來吃，但「自我」會考量社會現實下壓抑本我的欲望（因為現實是，直接抓來吃可能會被送到警察局）。

　　三、超我 (superego)：超我可以想成是「神格化的我」，它是從自我中發展起來的，是自我中滿滿「道德感」的部分。它是人從嬰幼兒時期開始，在接受父母道德行為的教育、學校教育及社會文化的洗禮後所形成的「理想我」，可以說是道德與良心的總和，遵循的是「理想原則」。例如肚子餓了「本我」會想直接抓了店裡的

麵包來吃，有別於「自我」考量的是現實上偷麵包會被法辦，「超我」壓抑本我欲望的理由是偷竊是不道德的行為，即使百分之百確信自己不會被人發現也絕對不去偷麵包。

每一個人的「我」都是由本我、自我與超我所架構而成的，就像動漫裡常出現的場景：當出現某個讓人猶豫不決的問題時，角色的頭上便出現了小天使與小惡魔的對話。我們可以簡單的將小惡魔視為「本我」，給的是讓自己開心的建議（即使是邪惡的）；而小天使則是「超我」，總是用高尚的良知製造角色的內疚感來反對小惡魔的建議，而中間的角色呢？當然就是面對現實的「自我」啦！人原本就由這麼複雜的「我」所組成，自己都不了解自己其實是再正常不過的事呢！

⟫ 延伸連結

搭配成語

①江山易改，本性難移

形容人的本性很難改變。本，也作「稟」。也省作「本性難移」或「稟性難移」。㊂積習難改。㊁脫胎換骨；洗心革面。〔明·徐仲田·殺狗記·第二齣：他縱無怨恨之心，奈絕無順從之美。正所謂江山易改，稟性難移。〕

②互為表裡

彼此關係密切或配合緊密。也作「相為表裡」。㊂一體兩面；相得益彰。〔三國志·魏書·荀彧傳：彼懲往年之敗，將懼而結親，相為表裡。〕〔宋書·劉湛傳：專弄權威，薦子樹親，互為表裡。〕

02 多重面向的
人格因素

表面特質、根源特質

　　關於「人格」(personality) 的理論有很多，這篇要介紹的是心理學家卡特爾 (Raymond Bernard Cattell) 提出的人格因素論 (factor theory of personality)。

　　卡特爾對於一個人的人格是否可以透過測驗加以了解充滿好奇，他利用科學的因素分析方式，將人格的特質區分為表面特質 (surface trait) 及根源特質 (source trait)：表面特質是可以直接觀察的到的外顯特質，可以由測驗直接得到答案；根源特質則無法直接觀察而來，需要根據行為去歸納推論。表面特質就像是物品的外觀，根源特質則是物品的內在，雖然我們無法直接看穿物品內在的模樣，但可以透過表面特質的表現來推測。

　　卡特爾將人的根源特質分列為十六項人格因素，他也依這些人格因素發展出經典的人格測驗「卡特爾 16PF」 (Cattell's 16 Personality Factor)，以下是他所提的十六項人格因素，說明代表著該人格因素的兩個極端：

①樂群性：孤獨冷漠──外向熱情；

②聰慧性：思想遲鈍、學識淺薄──聰明、富有才識、善抽象思考、學習力強；

③穩定性：心浮氣躁、易受環境影響──情緒穩定而成熟、具現實感；

④恃強性：謙遜、順從、圓融──好強固執、獨立、高自尊；

⑤興奮性：嚴肅、審慎、冷靜、寡言──輕鬆興奮、隨遇而安；

⑥有恆性：苟且敷衍──有恆負責、做事盡職；

⑦敢為性：畏怯退縮、缺乏自信──冒險敢為無顧忌；

⑧敏感性：理智、現實──感性、感情用事；

⑨懷疑性：依賴隨和、易與人相處──多疑、固執己見；

⑩幻想性：合乎成規、力求妥善合理──充滿想像、狂放不羈；

⑪世故性：坦白直率、天真無邪──世故、精明幹練；

⑫憂慮性：安詳、沉著、有自信──憂愁、易胡思亂想、庸人自擾；

⑬實驗性：保守、尊重傳統──自由開放、批評激進；

⑭獨立性：依賴、隨群附眾──自立自強、當機立斷；

⑮自律性：矛盾衝突、不顧大體──自律謹嚴；

⑯緊張性：心平氣和、閒散寧靜──緊張焦慮、易激動。

　　依卡特爾的理論，人格的根源特質是習慣化且穩定的，會影響人整體的思維模式與行為風格。在這十六項人格因素的個別面向中，你了解自己偏向每個面向的哪一端嗎？不論如何，那就是你人格的大致輪廓，也因為其複雜多元，才會有一種米養百種人的存在呢！

≫ 延伸連結

編號 01｜互為表裡的人格

編號 03｜獨一無二的人格特質

搭配成語

①性情中人

指感情豐富、率性真摯的人。近豪放不羈。反裝腔作勢。〔清・文康・

兒女英雄傳・第二十五回：認定了姑娘是個性情中人，所以也把性情來感動他。〕

②謀定後動

計畫確定以後再採取行動。形容做事有計畫而不魯莽。近三思而行；從長計議。反輕舉妄動；貿然行事。〔新唐書・李光弼傳：光弼用兵，謀定而後戰。〕

③百依百順

形容凡事順從，毫不違拗。也可形容性情隨和，不固執任性。近服服貼貼；俯首帖耳。〔明・凌濛初・初刻拍案驚奇・卷一三：那時也倒聰明伶俐，做爺娘的百依百順，沒一事違拗了他。〕

④慢條斯理

1形容人言行從容、有條理的樣子。近從容不迫。反慌慌張張。〔元・王實甫・西廂記・第三本・第二折・金聖歎批：寫紅娘從張生邊來入閨中，慢條斯理，如在意如不在意。〕2也形容動作遲緩、慢吞吞的樣子。反急急忙忙。〔清・吳敬梓・儒林外史・第一回：老爺親自在這裡傳你家兒子說話，怎的慢條斯理。〕

⑤心直口快

心思樸質，說話直接。形容個性直爽不存顧忌，想什麼就說什麼。近快人快語。反欲言又止。〔宋・文天祥・紀事詩四首・序：巴延吐舌云：「文丞相心直口快，男子心！」〕

⑥快人快語

痛快人說痛快話。形容性情直爽，說話痛快。快，爽快；痛快。近直言不諱。反含糊其詞。〔宋・釋道原・景德傳燈錄・南源道明禪師：快馬一鞭，快人一語。〕〔蔡東藩・五代史演義・第三回：我恐朱氏一族，將被汝覆滅了。批語：「快人快語。」〕

03 獨一無二的 人格特質

共同特質、個人特質、首要特質、中心特質、次要特質

　　關於「人格」(personality) 的理論有很多，在〈互為表裡的人格〉篇當中介紹了佛洛伊德 (Sigmund Freud) 的人格結構理論，這篇要介紹的是美國心理學家奧爾波特 (Gordon Allport) 所提的人格特質論 (personality-trait theory)。

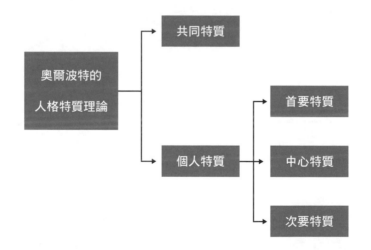

　　奧爾波特在分析了許多書信、日記、自傳後，從中整理出各種人格特質 (personality trait)，他認為人格特質是一個人在成長過程中學習到的經驗、習慣、態度等等的綜合結果，人格特質才是真正建構一個人性格的基礎。他首先將人格特質分為兩類：共同特質 (common trait) 和個人特質 (individual trait)。

　　所謂的「共同特質」，指的是同一個社會文化形態下人們所具有的普遍特質，例如大眾普遍認為臺灣人很友善、日本人有禮貌、美國人有自信等，雖然在群體當中不一定每個人都會有這些共同特質，但其間的差異通常只有多寡強弱的不同。而「個人特質」有別於共同特質，它不是地區性或文化性的，是每個人獨有的。奧爾波特認為，個人特質才是真正需要被關注的人格特質，個人特質是讓每個人都獨一無二的理由。

　　奧爾波特也將個人特質再區分為三個層次：首要特質、中心特質及次要特質：

一、首要特質 (cardinal trait)：代表一個人最重要的特質，如果能用一句話來形容一個人，那句話就是他的首要特質。首要特質並非每個人都有，通常在於自身有明顯突出的個人特質時，才會將它視為首要特質。例如，說到林黛玉的性格，便會立刻想到她所獨具的多愁善感。在許多小說、電影、故事當中，常常會將首要特質刻意突顯，以強化讀者觀眾對該角色的印象。

二、中心特質 (central trait)：中心特質則是每個人都會有的，指的則是一個人給他人的獨特印象。一個人通常會有好幾個中心特質，例如林黛玉除了上述的多愁善感外，她也聰明、淡泊、細心、抑鬱、敏感、孤傲，這些就是她的中心特質。我們平常與人互動，一個人的首要特質及中心特質就建構了對他人大致的印象與觀感。

三、次要特質 (secondary trait)：顧名思義就是不太重要的特質，平時通常不會表現出來，只有在特殊場景下才顯露。有些人的次

要特質可能和中心特質是極端的對比，也常會讓人有另眼看待或大吃一驚的感覺。例如一個平常非常文靜的女孩子，可能在 KTV 拿起麥克風就飆唱搖滾歌曲，簡直判若兩人。

想知道自己的人格特質偏屬哪一類嗎？你可以參看〈多重面向的人格因素〉篇喔！

≫ 延伸連結

編號 01｜互為表裡的人格

編號 02｜多重面向的人格因素

搭配成語

①別具一格

另有一種獨特的風格。多指詩、文、繪畫等的格調與眾不同。近匠心獨運。反千篇一律。〔清・呂留良・與施愚山書三首（其三）：詠見贈詩，風力又別具一格。〕

②自成一格

獨自創立一種與眾不同的風格。近自成一家。反鸚鵡學舌。〔宋・郭若虛・圖畫見聞志・五代曹仲玄：始學吳不得意，遂改迹細密，自成一格。〕

③自成一家

不模仿他人，創立獨特的風格或體系。近自成一格。〔漢・司馬遷・報

任少卿書：亦欲以究天人之際，通古今之變，成一家之言。〕〔唐‧劉知幾‧史通‧載言：又詩人之什，自成一家。〕

04 白紙一張的 先天與後天

天性、教養、天賦論、經驗論、遺傳論、環境論

　　發展心理學 (developmental psychology) 是研究人從出生到成熟的身心變化的一門學問，像「影響個體發展的，究竟是先天的天性較多、還是後天的教養較多？」這樣的問題，自古以來就有許多支持不同理論的學者不間斷地為此爭辯，但事實上任何單方面的理論都不足以解釋不同個體上的差異為何如此之大。

　　當我們講「天性」(nature) 這個詞彙時，指的是屬於以生理為基礎的、受遺傳因素影響較大的面向；而當我們講「教養」(nurture) 時，指的則是屬於以心理為基礎的、受環境因素影響較大的面向。

　　「天賦論」（或先天論／nativism）就是主張遺傳重於環境的發展理論，認為生物與人類有許多的知覺反應是生而有之，而非後天學習而來的，例如剛出生的哺乳動物一碰觸到母親的乳房便知道吸奶、小羊出生不久後便會站立及走動等等。天賦論在人類的發展上還有另一個衍生的含意：資質與能力高低也是會遺傳的。我們俗諺說的「龍生龍、鳳生鳳、老鼠生的兒子會打洞」就是這個意思，天賦論認為老鼠生的兒子再怎麼後天訓練也無法像龍像鳳一樣在天上飛，因為遺傳因子已經限制了鼠兒子的發展。這樣的學習理論也稱為「遺傳論」(hereditarianism)。此外，在解釋人類語言學習上，相較於其他動物，天賦論也支持因為人類具有習得語言的天賦，而能發展出多樣的語言。

　　「經驗論」(empiricism) 主張的則是環境重於遺傳的發展理論，認

為人類的感官經驗會決定他將來的發展，包括知識、思想、人格、行為等等，都是透過經驗學習而來的，而這些經驗正是個體對外在的環境因子適應的結果。這樣的學習理論也被稱為「環境論」(environmentalism) 或「環境決定論」(environmental determinism)。

你是否曾聽過「人出生像白紙一張」的話？這句話意味著人的發展完全是透過「經驗論」而來的，經由環境的影響與「教養」讓這張白紙變得多彩多姿；但相反的，你應該也曾讀過《三字經》裡的「人之初，性本善」吧？這句話則反映了人出生並不是像白紙一般的什麼都沒有，而是在「天賦論」的基礎上擁有善良的「天性」。所以，你覺得哪種說法比較有道理呢？

≫ 延伸連結

編號 08｜重責大任的教與養

搭配成語

①與生俱來

一生下來就具有的。近生而知之。〔宋書‧謝莊傳：兩脅痼疾，殆與生俱。〕〔清‧吳趼人‧恨海‧第一回：我說那與生俱來的情，是說先天種在心裡，將來長大，沒有一處用不著這個情字。〕

②生而知之

生下來就知道事理。指資質特優，不學而能。近聰明絕頂。反朽木不雕。〔論語‧季氏：生而知之者，上也；學而知之者，次也。〕

③朽木不雕

腐朽的木頭不能用來雕刻。比喻人資質低劣或不知上進，無法造就。
反孺子可教；可造之材。〔論語・公冶長：宰予晝寢。子曰：「朽木不可雕也，糞土之牆不可杇也，於予與何誅？」〕

④天生我材必有用

天賦予我這樣的資質，必定有用處。勉勵人肯定自我。材，資質；天賦。反妄自菲薄；自暴自棄。〔唐・李白・將進酒：天生我材必有用，千金散盡還復來。〕

05 不能自已的潛意識

意識、前意識、人格、集體潛意識

　　大家都聽過「潛意識」這個詞彙，但要了解「潛意識」(unconscious) 之前，我們需要先介紹什麼是「意識」(conscious)。意識是指人在清醒的精神與心理狀態下，能夠察覺身體所接受到的感官刺激、能自由發揮認知功能——如記憶、推理、想像、計畫等，並且與行為的動機與對刺激而產生的情緒有關。

　　心理學大師佛洛伊德 (Sigmund Freud) 再將人的意識分為三個層次：意識、前意識、潛意識。

一、意識 (conscious)：人在清醒狀態下隨時可以察覺到所有現象，包括感官所接受到的外在刺激，及大腦中所進行的所有思考與認知功能。意識是人格中「自我」所存在的地方，也就是人當下能感覺到的自己。

二、前意識 (preconscious)：處於「意識」與「潛意識」之間，無法像意識一般隨時察覺得到，但藉由專注的聯想與回憶，或透過提醒，就可將它帶入意識中，變成可察覺的意識現象。

三、潛意識 (unconscious)：是指暗藏在深處連自己都不知道的意識。英文 "unconscious" 的單字起源雖然是「無意識」，但其實並非「不存在」，而是「存在但自己沒有發覺」，可以說是「連自己都不知曉的自己」。人格當中的「本我」與「超我」是存在於潛意識當中的。

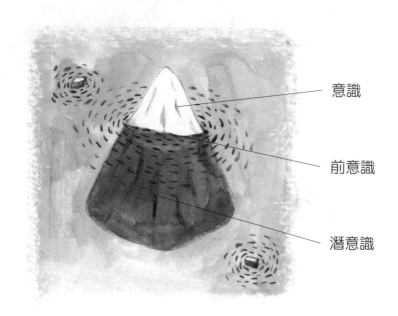

意識

前意識

潛意識

　　佛洛伊德用「冰山」來比喻三者間的關係：人的整個意識有如一座冰山，「意識」就是海面上的部分，自己一眼就認得出來的冰山一角；「前意識」就是海水退潮時露出來的部分，會隨著海面升降而出現或消失；而「潛意識」則是完全藏在海裡的部分，也是冰山最大的區塊，永遠看不到卻支撐著上面的前意識與意識。

　　當一個人一時衝動揍了他人一拳，你問他為什麼要出手打人呢？

　　一、「我看到他握拳衝向旁邊的女孩子，我想保護她所以動手了！」——這是「意識」的運作。

　　二、「我感覺他好像快要控制不住脾氣的樣子，所以就先揮拳了。」——這可能是「前意識」的運作。

三、「我根本不知道為什麼……身體自己動了起來揮拳過去……」——這可能是「潛意識」的運作。

上面這個例子並不一定完全正確，因為大部分非意識下的現象，可能是前意識也可能是潛意識。潛意識並非憑空產生的，它的來源可能是與生俱來的例如生物本能與欲望，但大多是來自於過去的經驗，只是被意識壓抑埋藏在內心深處。

佛洛伊德認為，雖然潛意識無法被自己察覺得到，但生活中到處都有潛意識運行的痕跡，例如口誤與筆誤，一個人老是在某些事情上說錯話，一定暗示了特別的含意。雖然人無法藉由回憶或聯想來了解潛意識，但可藉由分析夢境、口誤筆誤、自由聯想或催眠等線索來探尋它，其中，「夢」被稱為是通往潛意識的捷徑：當人睡著的時候，意識對潛意識的壓抑會漸漸鬆卸下來，於是潛意識便得以在夢境中展現，只是通常以一種偽裝或變形的樣態表現出來。

不過並非所有的心理學家都同意佛洛伊德對「潛意識」的看法，他的學生也是著名的心理學大師榮格 (Carl Gustav Jung) 劃分了「個人潛意識」 (personal unconscious) 與 「集體潛意識」 (collective unconscious)，他認為集體潛意識是所有人格與意識的基石，它與種族、文化、遺傳有關。而另一位心理學大師阿德勒 (Alfred Adler) 則強調意識與潛意識是一個統合而非分開來的整體，意識並非只是冰山一角，相反的是人格的絕大部分。

心理學就是這麼有趣的學問啊！許多理論與假說只能依經驗歸納而來，卻很難透過明確的實驗來證實誰的說法是百分百的正確，也因此有著百花齊放的各個學派呀！

>> 延伸連結

搭配成語

①不知不覺

沒有知覺或不經意。〔妙法蓮華經：令發一切智心，而尋廢忘，不知不覺。〕〔清・夏敬渠・野叟曝言・第三回：兩人不及細說，將身上衣裳略攪掉些水氣，不知不覺，天已昏暗。〕

②耳濡目染

經常聽到、看到，不知不覺地受到影響。濡，音ㄖㄨˊ。沾染。原作「目濡耳染」。㊄潛移默化。〔唐・韓愈・清河郡公房公墓碣銘：公胚胎前光，生長食息，不離典訓之內；目擩（濡）耳染，不學以能。〕〔宋・宋祁・南陽郡君李氏墓誌銘：女工織紝之事，耳濡目染，有如天成。〕

③情不自禁

感情控制不住。不自禁，音ㄅㄨˋ ㄗˋ ㄐㄧㄣ。忍不住；不由自主。禁，受得住。㊄不能自已。㊤無動於中。〔南朝・梁・劉遵・七夕穿針：步月如有意，情來不自禁。〕〔明・馮夢龍・警世通言・卷二九：浩此時情不自禁，遂整巾正衣，向前而揖。〕

06　高高低低的自尊

自尊心、高自尊、低自尊、自信

　　自尊 (self-esteem) 在心理學的含義和大家常用的「自尊心」是有些出入的。一般所謂的「自尊心」，意思是指「維持自我在他人眼中的尊嚴、不容被他人貶低的心理」；而心理學中的「自尊」，意思則是一個人對自我存在的肯定，肯定自己的能力與成就是否符合該有的社會價值觀。自尊，就是自己給予自己的尊重（並不太需要在意別人對自己的尊重），是個人主觀對於自我價值的肯定或否定。

　　自尊是建立在自信 (self-confidence) 上的，但兩者並不能完全畫上等號。自信是指小範圍的對自我能力的信心，例如對於自己的跑步耐力有信心、對於自己的業績成效有信心。而自尊則是大範圍的對自我整體價值的評斷，所以一個人可能對自己的學科筆試表現很有自信，但對於自己的體育成績缺乏自信，但當他肯定自我的整體價值時，他是「高自尊」的；相反的，如果同樣的表現卻讓另一個人對於自我的整體價值是否定的，那麼這個人便是「低自尊」了。

　　對於能夠給予足夠自我肯定的自尊較高的人而言，他對自我的信心便不容易受外界評論而動搖的。即使原本有自信的長處被人批評，高自尊者會認為那是對方不了解罷了，並不容易因此而生氣；即使原本就沒自信的短處被人批評，高自尊者會一笑置之，因為那是他本來就知道的事，沒什麼大不了的。他尊重自己，無論自己有任何的好與壞。

　　在社會上我們會看到不少人以「高自尊心」自居，他的高自尊心

表現在驕傲自大甚至狂妄，不容許任何人的質疑或挑戰，一旦聽見對自己不好的評論，情緒馬上受到強烈的影響，可能火山爆發要衝過去找人理論，要求改正。諸如這類大眾常認為的「高自尊心」者，其實在心理學上反而是被歸類為「低自尊」的。低自尊的人因為對自我的了解與肯定不夠，因此很容易受外界刺激而動搖，比較心也強，需要透過和他人比較來說服自己是值得肯定的。

　　肯定自己的優點，了解自己的極限與缺陷，誠實面對自己，明白自己的獨特性並珍愛自己——那麼你也能夠擁有一顆「高自尊」的心，自在做自己！

搭配成語

①妄自菲薄

過分地看輕自己，失去自信。菲，音ㄈㄟˇ。微薄。近自輕自賤；自暴自棄。反妄自尊大；夜郎自大。〔三國・蜀・諸葛亮・出師表：誠宜開張聖聽，以光先帝遺德，恢弘志士之氣，不宜妄自菲薄，引喻失義，以塞忠諫之路也。〕

②從容自若

形容不慌不忙、沉著鎮定。自若，自如；自然。也作「從容自在」。近不慌不忙；從容不迫。反手忙腳亂；手足無措。〔舊唐書・劉文靜傳：而思禮以為得計，從容自若，嘗與相忤者，必引令枉誅。〕

③不可一世

自認為當代第一，誰也比不上。形容狂妄自大、自命不凡的樣子。一

世，當代；一個世代。㊀目空一切；旁若無人。㊁謙沖自牧；虛懷若谷。〔宋・羅大經・鶴林玉露・卷一五：荊公（王安石）少年，不可一世士。〕

07　寸草春暉的母愛

母愛、母職人物、母性驅力、母性本能、母性攻擊

母愛 (mothering) 是指母親或擔任 「母職人物」(mother figure) 的人對於孩子提供的養育、教育、愛撫、溫暖、安慰與保護的行為。不論是人類或動物，一般來說在嬰幼兒時期若未能得到充分的母愛，可能會影響該個體的成熟與發展。

雌性的動物及人類女性，在懷孕期間及生產過後的一段時間，會自然表現出強烈的 「母性本能」 (maternal instinct) 或 「母性驅力」 (maternal drive)，而有哺餵、溫暖、舐拭、保護幼小的行為，這些行為是與生俱來的，而非學習而來。不同種類的動物都有其特有的母性本能，也暗示了在物競天擇的自然法則中，擁有母性本能基因者能讓幼小的個體有較高的生存機會。而到最後，可以在同種類的不同動物個體表現出同樣的母性本能。

有趣的是，母性本能所表現出的行為不一定只發生在「母親」身上。許多動物與人類，即使面對非親生的幼小個體，也會自然出現「母

性行為」(maternal behavior)，包括前述母性本能所提的所有行為。特別在「保護幼小」方面，當自己或同伴的幼兒遭受可能的危險時，許多種類的雌性動物會出現強烈的「母性攻擊」(maternal aggression) 行為。

母親與孩子的關係是從懷孕那一刻開始的，「母嬰連結」(mother-infant bonding) 指的是母親與孩子間在生理上及情感上的相互牽絆，這樣的連結是藉由母親與孩子的肢體互動與情感交流（例如擁抱、微笑）所建立起來的。好的母嬰連結不僅可以讓孩子獲得好的身心發展，研究證明還可以增強孩子的免疫力、減少疾病發生，甚至增加孩子的智商。

在人類世界中，母親提供給孩子的母愛不論出於自願或母性本能，經常將子女的優先順位排在自己前面，會為了保護幼小不顧自身安全。在不同的社會文化中，母親永遠是最常被歌頌的角色。在教養上，母親通常是嬰兒出生後第一個也是最常接觸的個體，因此母親經常被賦予相當吃重的角色期待，但社會的期待卻也往往給母親帶來沉重的壓力。許多新手媽媽可能因為初初被賦予母親的重責大任，在角色轉換上、生活時間安排上調適出現困難，再加上產程中種種不適、及產後生理上荷爾蒙的改變，而出現「產婦沮喪」(maternity blues, baby blues) 甚至「產後憂鬱」(postpartum depression) 而需要接受治療。要說母親是全天下最辛苦的工作一點也不為過啊！

搭配成語

①推乾就溼

讓幼兒睡在乾燥的地方，自己睡在潮溼的地方。形容父母撫育兒女的辛勞和慈愛。㊒含辛茹苦；天下父母心。〔後漢書・楊震傳：阿母王聖出自賤微……雖有推燥居溼之勤，前後賞惠，過報勞苦。〕〔明・袁宏

道・舒大家誌石銘：叔諸子宗正等家皆母之，推乾就溼，倍於所生。〕

②**舐犢情深**

老牛以舌頭舔小牛，情意深摯。比喻父母對子女的深愛之情。舐，音ㄕˋ。以舌舔物。犢，音ㄉㄨˊ。小牛。也作「舐犢之愛」、「老牛舐犢」。〔後漢書・楊彪傳記載：楊脩為曹操主簿，猜中曹操心思，為善忌的曹操所殺，後操見脩父楊彪，曰：「公何瘦之甚？」彪對曰：「愧無日磾先見之明，猶懷老牛舐犢之愛。」操為之動容。〕〔明・沈德符・萬曆野獲編・第十四卷：其疏果上，必有非常處分，賴李中麓巽言而止。總之舐犢情深。〕

③**十指連心**

十個手指的感覺與心互通。比喻骨肉關係之密切。⑲手心手背都是肉。〔唐・劉商・胡笳十八拍・第十四拍：手中十指有長短，截之痛惜皆相似。〕〔明・湯顯祖・南柯記・情盡：哎也！焚燒十指連心痛，圖得三生見面圓。〕

④**寸草春暉**

小草在春天溫暖的陽光下。比喻父母親的養育恩情浩大，子女實在難以報答。春暉，音ㄔㄨㄣ ㄏㄨㄟ。春天的陽光。比喻父母的恩情。〔唐・孟郊・遊子吟：慈母手中線，遊子身上衣。臨行密密縫，意恐遲遲歸。誰言寸草心，報得三春暉。〕

08　重責大任的教與養

育兒、親職行為

教養 (parenting) 也可以翻譯成「育兒」，包括了「養育」與「教育」，簡單的說，是培養一個孩子成長茁壯至大人的過程。但這過程中並不單單只是讓孩子的體型變高變壯，也包含增進孩子生理、心理、精神、智力、技能、社會性等全面發展的過程。"parenting" 這個字是由 "parent"（父母親）而來的，但在現實生活中，教養並不一定由孩子血緣上的父母親來實現，也可能由祖父母、外祖父母、其他親戚長輩、年紀較大的兄姊、法定監護人等等照顧者來負責孩子的教養。

在〈白紙一張的先天與後天〉篇中我們談到，孩子的發展與「遺傳」和「環境」有關。適當的教養便是提供孩子好的培育環境，讓孩子在成長過程中能適時學習到良好的「經驗」，進而有好的發展。「親職行為」(parental behavior) 指的是父母在教養孩子時的行為表現，親職行為所帶給孩子的刺激，也是十分重要的環境因子。

「怎樣做才是好的教養方式呢？」這是許多家長心中的疑問，但其實並沒有一個標準的答案。狹義的教養可以稱之為「家庭教育」，而家庭教育在不同的文化背景下則有不同的準則：例如自由開放式的教育、父權強壓式的教育，並沒有對錯好壞之分。但在各種教養方式上仍有些共通的原則提供給各位家長：

一、提供好的模範：孩子在上學以前的學習對象就只有家中的父母長輩，因此家長們在教養孩子時所扮演的角色，會是孩子學習

與模仿的依據。——用好的行為示範給孩子學習，而不是用講的！比如一邊要教導孩子不用暴力欺負同學，一邊孩子在家裡犯了錯就施予嚴重體罰，孩子便無法體認暴力的不正當性。

二、讚美好品格、責備壞行為：當孩子有正確的、好的表現時，不要只是讚美孩子的行為，更要讚美行為背後的出發點、品格、與道德感；而當孩子有錯誤的、不好的表現時，則避免責備孩子的品格，只針對行為本身做檢討。——讚美品格比讚美單一行為，能讓孩子得到更多的自我認同；而責備品格（例如：你怎麼這麼壞！）非但無法讓孩子明白錯在哪裡，更會加深孩子的罪惡感而貶低自信心。

《三字經》裡提到「養不教，父之過」，這也提醒了家長在教養孩子的責任上是多麼的重大。而在增強孩子好的表現與懲罰不好的表現上，也可以參看〈被制約了②——淺談操作制約〉篇，有些範例可以提供各位參考喔！

⁂ 延伸連結

編號 04｜白紙一張的先天與後天

編號 63｜被制約了②——淺談操作制約

搭配成語

①天下父母心

所有為人父母者對孩子呵護、關愛的心情。㊄推乾就溼；舐犢情深。

②不言之教

不運用言語而進行的教化。指以身作則而達到教化的目的。㊃諄諄教誨。〔莊子・知北遊：夫知者不言，言者不知，故聖人行不言之教。〕

③以身作則

用自身的行為作為要求別人的準則、規範。則，準則；榜樣。㊃上梁不正下梁歪。〔論語・子路：其身正，不令而行；其身不正，雖令不從。〕

09　可圈可點的成就

自我肯定、成就動機、成就動機理論

　　成就 (achievement) 指的是個人或團體在某個領域，經過努力成功達到欲追求的目標或成果。所謂的成就不一定是像贏得冠軍、得諾貝爾獎、成為總統之類的十分了不起的目標或成果，對於學生來說，某次小考得到理想的成績、玩電腦遊戲終於破關打敗大魔王也可以是一種成就。

　　成就的認定與評量可以分為兩種：外在評量與內在評量。成就的外在評量來自於團體或他人公認的肯定，這與身處的社會文化背景有關，例如獲得獎章、取得學位、經營特定事業等等；成就的內在評量則來自於個人對成就的主觀感受，可能與外在評量相去甚遠，簡單來說便是自我肯定 (self-affirmation)：自己為自己訂立了目標並且達成目標，進而肯定自己的價值、為自己喝采。

成就的外在評量來自於團體或他人公認的肯定

成就的內在評量來自於個人對成就的主觀感受

　　成就動機 (achievement motivation) 是指個人追求成就的內在動力。成就動機可以讓個人去追求、完成自己所認為重要或有價值的工作，並且致力於精益求精，即使在不順利的情境中亦能克服障礙朝目標前進。因此在教育心理學的領域中，成就動機是引發學習、導向學習、及維持學習的重要因子。

　　心理學家麥克利蘭 (David McClelland) 提出 「成就動機理論」 (Achievement motivation theory) 說明成就動機來自於人類對於高層次的需求，符合了馬斯洛層次需求理論中，人類對於滿足「尊重需求」與「自我實現需求」的一種驅力。他也指出成就動機就像個人內在的一種與自己所有的卓越標準相互競爭的衝動或欲望，這也正是人類三大核心需求中的「成長發展需求」。

　　麥克利蘭的 「成就動機理論」 又稱為 「三種需要理論」 (Three needs theory)，他將人類的成就動機歸納為三種高層次的需求：

一、成就需求 (need for achievement)：爭取成功、致力做得最好的需求。成就需求較高的人致力將事情做得更快、更好，渴望更大的成功。他們並不看重成功所帶來的物質獎勵，而是享受爭取成功的過程，樂於克服困難、解決難題，並追求達到目標之後的成就感。

二、權力需求 (need for power)：影響或控制他人、不受他人控制的需求。權力需求較高的人喜歡對他人發號施令，注重爭取地位和影響力。他們也會追求出色的表現，但他們這樣做並不像高成就需求的人那樣是為了個人的成就感，而是為了藉由出色表現獲得地位和影響力。

三、親和需求 (need for affiliation)：建立親密與友好的人際關係的需求。親和需求較高的人傾向尋求被他人喜愛和接納，與人交往會為他們帶來滿足。有別於前二者，他們喜歡合作甚於競爭，希望彼此之間的溝通與理解。親和需求與馬斯洛的社交需求大致相同，是保持社會和諧、團隊融洽的重要條件。

　　成就動機使人們傾向於追求成功、避免失敗。成就動機高的人，在成就取向的情境中也往往有較高水準的表現。整體來說，成就動機有利於心理健康與社會發展，人類因為各種不同的成就動機，不斷將人類文明往前推進，也發展出各種文化、藝術、科學的偉大成就。然而，需要注意的是，並不是所有的成就動機都是好的。在社會生活中，如果一個人的成就動機過於極端，反而可能產生不良的後果，例如學生為了滿足三種需求，利用作弊來取得好成績與高名次等等。因此在訓練孩子擁有高成就動機的同時，也別忘了協助他訂立適合自己的目標，免得走火入魔喔！

≫ 延伸連結

編號 64｜日常必要的需求

編號 65｜一股勁兒的驅力

搭配成語 ↗

①功成名就

事業成功，名聲建立。也作「功成名遂」。遂，成就。近建功立業。反壯志未酬。〔元・范康・陳季卿誤上竹葉舟・第二折：你則說做官的功

成名就，我則說出家的延年益壽。〕

②跬步千里

半步半步地累積，可以走千里之遠。比喻要獲得大成就，必須持續努力。跬，音ㄎㄨㄟˇ。半步。也作「蹞」。近駑馬十駕。反一步登天。〔荀子・勸學：故不積蹞步，無以致千里。〕

③光耀門楣

光彩照耀家門。比喻獲得極大的功名、成就。門楣，廳堂正門上的橫梁。借指家族的社會地位及聲望。近光宗耀祖。反敗壞門楣。〔明・馮夢龍・醒世恆言・卷九：指望他應試，登科及第，光耀門楣。〕

④百尺竿頭，更進一步

勉勵人不要滿足於已有的成就，要繼續爭取更大的進步。也省作「百尺竿頭」。〔唐・柳曾・險竿行：奈何平地不肯立，走上百尺高竿頭。〕〔宋・朱熹・答鞏仲至：故聊復言之，恐或可以少助百尺竿頭更進一步之勢也。〕

10 凝聚心神的專注力

注意力、分心、瓦倫達效應

專注力 (concentration) 是指將注意力維持在某件事物上的能力，意思與「集中精神」(focusing) 一樣。我們常在課堂上或電影裡聽到老師或軍官大喊的：「注意！」("Attention!") 其實和專注力是不同的。注意力 (attention) 指的是當下選定一個刺激目標集中知覺與反應；而專注力則是將注意力維持長時間的能力，也就是專心的注意某件事物。

以課堂上的情境舉例來說，當上課鐘響之後教室裡仍然鬧哄哄的，你也還在和旁邊的同學聊天，這時你注意到老師走進教室，於是你停止聊天將目光放在老師身上，即使教室裡仍十分吵雜——這表示你的注意力不錯。接著老師開始上課，而旁邊的同學還在聊著剛才的話題，很快的你的心神從老師那兒移開了，分心去聽同學聊天——這表示你的專注力不足。分心 (distraction) 指的就是無法維持專注力。

專注力對於學業與工作都是十分重要的能力。當人積極專注於某件事情時，通常感覺時間過得特別快，因為專注常會帶來興奮而忘我的感受，最終也會提高學習或工作的效率。

心理學上有個與專注力有關的效應叫「瓦倫達效應」(The Wallenda factor)。瓦倫達是美國史上著名的高空走鋼索的特技表演大師，他非常熱愛走鋼索，在他高齡七十九歲時都還在鋼索上挑戰，也在最後一次的鋼索表演中不幸墜落喪生。在這之前，瓦倫達在走鋼索時，心中只想著走鋼索的樂趣，從不去想這之外的事，也屢屢成功。然而在他七十九歲的表演前，他一反常態的不斷地告訴自己「這次表

演很重要，一定不能失敗」，不斷地思考表演完成功或失敗的後果，結果卻在表演中失去生命。瓦倫達效應指的就是當一個人只想把眼前的事做好而不去考慮其他的事情時便容易成功；相反的，若患得患失只想著「成功」反而往往導致失敗。

　　許多人在學校都有過小考表現好、大考卻失常的經驗吧？因為通常學生比較在意大考的成績，那會影響整個學期的評量，而小考只是用來練習的，比較無關緊要。以瓦倫達效應來看，它也告訴我們「平常心」對於專注力的重要——對於大小考試一視同仁，專注於考卷上的題目而不要分心煩惱考試的結果，才能讓自己有最佳的表現喔！

≫ 延伸連結

編號 86｜經驗至上的時間知覺

搭配成語

①全神貫注

全部精神集中在某一事物上。近全心全意。反漫不經心。〔清・陳端生・再生緣・第五十三回：唷！總算他肯自己說穿，這下都全神貫注，看老太太會不會醒過來。〕

②聚精會神

形容注意力全數集中在一件事上。近全神貫注。反心不在焉。〔漢・王褒・聖主得賢臣頌：聚精會神，相得益章。〕

③心無旁騖

專心一意，沒有其他念頭。騖，音ㄨˋ。奔馳；追求。旁騖，別有追求。近專心致志。反三心二意。〔清・夏敬渠・野叟曝言・第一四一回：讀書之外，不許旁騖。〕

④心無二用

一心不能同時用在兩件事上。指用心必須專一。近心無旁騖。反一心二用。〔南朝・梁・劉勰・劉子專學：使左手畫方，右手畫圓……而不能成者，由心不兩用，則手不並運也。〕〔明・王守仁・示徐曰仁應試：夫心無二用，一念在得，一念在失，一念在文字，是三用矣。〕

⑤心不在焉

心思不在這裡。形容心神不專注。焉，兼詞。於此。近心猿意馬。

反聚精會神。〔大學：心不在焉，視而不見，聽而不聞，食而不知其味。〕

⑥一心二用

形容做事不專心。近心不在焉。反全神貫注。〔南朝・梁・劉勰・劉子專學：使左手畫方，右手畫圓……而不能成者，由心不兩用，則手不並運也。〕

11　非得完成的毅力

恆毅力、恆心、熱情、蔡戈尼效應

　　這裡提到的毅力 (grit) 指的是一種恆心 (perseverance) 和熱情 (passion) 的總和力量，可以迫使人努力達成目標而不中斷。近年有些作者將 "grit" 翻成 「恆毅力」，其實只是要將它與另一個類似含義的「恆心」做區隔。「恆心」單純是指做一件事的持久表現，而「毅力」除了持久性外，也展現了對做事的熱情。不論古今中外，毅力的表現一直是邁向成功的重要法則之一。

　　在心理學上，有一個有趣的「蔡戈尼效應」(Zeigarnik effect)，它是由蘇聯心理學家布爾瑪・蔡戈尼 (Bluma Zeigarnik) 發現的。她在餐廳吃飯的時候注意到一件事：大部分的服務生在客人點的餐點還沒全數上菜之前，總是能記得客人點了什麼；但是一旦客人的菜全數上完了，服務生就不記得客人點過什麼餐點了。而少數資深的服務生，直到客人結帳前都還能記得客人點了什麼，等到客人付完錢離開餐廳，他就再也記不住了。

　　大多數的人會覺得「這是理所當然的，時間久了就忘了啊！」不過蔡戈尼的發現和時間無關，而是「人對於中斷與未完成的工作不容易遺忘」，而且當這是必須完成的工作時，蔡戈尼效應會讓人在工作未完成前產生心理的緊張感，迫使人想要儘快將它完成，否則無形的壓力揮之不去。這也是人要完成一件事務的動機來源之一。

　　相信很多人都有類似的經驗，一件事情沒做完就渾身不對勁，非得把它完成才甘休，特別是自己充滿熱情要去完成的事，例如很多人

拼圖拼到一半、模型組裝到一半、報告打到一半，就算晚了躺在床上也睡不著，於是非得熬夜把它完成不可，完成之後才能滿足的睡著。

　　蔡戈尼效應可以推動人持續完成既定的工作，但在某些情況下蔡戈尼效應反而會成為難以專注在其他事務上的負擔（心頭總是掛念著前一件未完成的事）。蔡戈尼效應也被延伸至人際與感情方面，就像追求不到的對象總是難以忘懷。

　　回到本篇要談的「毅力」，許多心理教育學家致力於研究讓孩子擁有強韌的毅力，從上面的例子來看，一個人可能會熬夜拼圖、卻不會熬夜打報告，對於某件事有毅力、對於另一件事卻沒有，重要的差別就在於對這件事是否有熱情，及伴隨熱情而來的恆心囉！

搭配成語

①貫徹始終

自始至終徹底實行或體現。⑩始終如一；堅持到底。⑰半途而廢；虎頭蛇尾。〔清・曾樸・孽海花・第三十四回：把以太來解釋仁的體用變化……對於內學相宗各法門，尤能貫徹始終。〕

②持之以恆

形容做事極有恆心。持，堅守。⑩鍥而不捨。⑰半途而廢。〔清・曾國藩・諭紀澤：若能從此三事上下一番苦工，進之以猛，持之以恆，不過一二年，自爾精進而不覺。〕

③滴水穿石

不斷滴落的水滴可以穿透石頭。比喻能持之以恆，則再難的事也能完

成。也作「水滴石穿」。近有志竟成。反半途而廢。〔漢書・枚乘傳：
泰山之霤穿石……，漸靡使之然也。〕〔唐・周曇・吳隱之：徒言滴水
能穿石，其那堅貞匪石心。〕

④磨杵成針

鐵棒磨成針。比喻只要肯下苦功，再難的事也能辦到。杵，音ㄔㄨˇ。
近有志竟成。反一暴十寒。〔宋・祝穆・方輿勝覽・磨針溪記載：相傳
李白少年時曾在象耳山中讀書，學業未成，便中途離去。來到下山路
上的一條溪旁，看見一個老婦在磨杵。李白覺得奇怪，便問老婦。老
婦說：「我要磨成一根針。」李白聞言，心有所感，於是返回山中完成
學業。〕

⑤鍥而不捨

本指不停的雕刻。比喻有恆心、有毅力，能堅持不懈。鍥，音ㄑㄧㄝˋ。
雕刻。捨，原作「舍」。停止。近持之以恆。反半途而廢。〔荀子・勸
學：鍥而舍之，朽木不折；鍥而不舍，金石可鏤。〕

⑥日起有功

每日都有成績。強調凡事持之以恆，自能有所成就。近持之以恆。反
半途而廢。〔清史稿・卷一三六・兵志七：增購機械，獎勵學生，籌度
經費，以期日起有功。〕

⑦業精於勤

學業的精進，有賴於勤勉努力。近三更燈火五更雞。反玩歲愒時。

〔唐・韓愈・進學解：業精於勤，荒於嬉；行成於思，毀於隨。〕

⑧**十年磨一劍**

以十年工夫精心磨製一把鋒利無比的寶劍。也比喻多年專注一事，苦心磨練，成就可觀。㊨磨杵成針。〔唐・賈島・劍客：十年磨一劍，霜刃未曾試。今日把似君，誰為不平事？〕

12 百感交集的
情緒理論

情緒演化論、詹郎二氏情緒論、坎巴二氏情緒論、斯辛二氏情緒論

　　在〈喜怒哀樂的情緒與心情〉篇中，談到了情緒的基本概念，相對於其他動物而言，人類的情緒其實是相當複雜的。其他動物的情緒似乎只反映了對特定事物的喜好與厭惡，但人類光是喜好與厭惡就能衍生出更多不一樣的情緒；其他動物在情緒的表達上較為簡單易懂，例如狗搖尾巴是開心的表現，但人類同樣的笑容背後可能有不同的含意。

　　在心理學中，情緒被認定是一種複雜的「感覺狀態」，它包含了心理上與生理上的變化，而且也會影響到思想與行為。而情緒在不同人身上所引發的影響也不一樣，這和個人的性格、氣質與動機等有關。也因此，在情緒的研究上，一直有著各種不同的理論來解釋人類的情緒變化。下面介紹幾個著名的情緒理論：

一、情緒演化論 (Evolutionary theory of emotion)：發表動物演化論的達爾文 (Charles Robert Darwin) 認為情緒是透過基因遺傳下來的，正確且快速的情緒表現可以讓人類存活下來並繁衍後代。例如同樣遇到天敵，會立即感到害怕而決定「戰鬥或逃跑」(fight-or-flight response) 的人類才有機會適者生存，不曉得害怕的人類則可能被大自然淘汰，也因此人類的情緒是快速反應，太慢就來不及了！而能夠了解他人情緒的人類也更適合生存，當看到別人帶著害怕的表情往東奔跑時，能感同身受他的恐懼，拔腿跟著往東跑的人類才能避開危險。此外，能夠藉由情緒讓異性心動的人類，也較容易擁有伴侶並繁衍後代。

二、詹郎二氏情緒論 (James-Lange theory of emotion)：這個理論認為情緒來自於身體對於事件所引發的生理反應。也就是說當人因為外在刺激引發生理反應時，情緒完全端看個人怎麼解釋該項反應。例如，當你看到老虎走過來，你先發現自己兩腿發軟，然後才感覺到害怕。也就是說，是腿軟讓你有害怕的感覺，而不是害怕讓你腿軟。再舉個例子，校園裡流傳著「和異性一起走吊橋可以促成戀愛」的傳說，因為在搖搖晃晃的吊橋上會讓人有心跳加速的生理反應，但卻容易讓人產生「我的心在跳，是因為愛上他了」的錯覺！

三、坎巴二氏情緒論 (Cannon-Bard theory of emotion)：和詹郎二氏情緒理論不同，這個理論認為當人受到外在刺激時，大腦會同時讓人產生情緒和生理上的變化，而不是哪個引發另一個有先後的順序。例如遇到危險時，大腦同時讓人感到害怕，也讓心跳加速；遇到讓人氣結的事時，大腦同時讓人感到憤怒，也讓心跳

加速——兩者並不會讓人傻傻分不清楚。如果依照坎巴二氏的說法，前面提到的吊橋錯覺只可能發生在電影情節裡囉！

四、斯辛二氏情緒論 (Schachter-Singer theory of emotion)：又稱為「情緒二因論」(Two-factor theory of emotion)，認為情緒的產生是「生理反應」、「認知評估」二者合併而來的。生理反應是產生情緒的發動器，而產生哪一種情緒則視當時個人對周遭情境的認知評估。例如當你走在路上被人從旁撞了一下，這時你會有肌肉緊繃、心跳加速的生理反應，開始注意發生了什麼事：如果是一個走路玩手機不看路的年輕人，你可能會生氣；如果是一個彪形大漢瞪著你，你會感覺到害怕；如果是一個小娃兒差點從爸爸肩上摔下而撞到你，你不會生氣也不會害怕，而是有虛驚一場的感覺。以這個理論來看，當女孩子走吊橋而感到心跳加速，如果身邊是個帥哥，她可能會有對他心動的錯覺；但如果身邊是個老阿伯，她會知道自己是因為吊橋搖晃而心跳加速，而不是對他心動。有句話說「人帥真好、人醜性騷擾」正是這個道理，所以呢，要靠創造吊橋錯覺來追女孩子不是不行，但關鍵還是自己得具備好的條件哪！

≫ 延伸連結

編號 13 | 喜怒哀樂的情緒與心情

①**百感交集**

各種感觸交織在心中。形容情緒複雜紊亂。近五味雜陳。反無動於中。

〔南朝・宋・劉義慶・世說新語・言語：見此芒芒，不覺百端交集。〕
〔宋・陳亮・祭喻夏卿文：百感交集，微我有咎。〕

②人之常情

一般人通常有的心情和情理。也作「人情之常」。⓯不近人情。〔尉繚子・守權：若彼城堅而救不誠，則愚夫蠢婦無不守陴而泣下，此人之常情也。〕

③怦然心動

形容受到吸引或刺激而動心。怦然，音ㄆㄥ ㄖㄢˊ。心跳動的樣子。⓰心馳神往。⓯不為所動。〔清・誕叟・檮杌萃編・第三回：他看見他的恩師進了軍機，不覺怦然心動，就有個王陽在位貢禹彈冠的意思。〕

13 喜怒哀樂的情緒與心情

情感、情緒性反應、情緒性行為、情緒記憶

　　情緒 (emotion) 和心情 (mood) 是大家日常生活都會用到的詞彙，兩者相近但略有不同。不論是「情緒」或「心情」，都是包含心理與生理反應的複雜的主觀經驗與感受，來自於感覺、行為或思想：

一、情緒：通常起因於某個內在或外在刺激或事件，是當下的強烈感受。存續的時間短，可能只有數秒鐘到數分鐘。通常伴隨明顯的臉部表情與生理反應，旁人較容易觀察的到也容易分辨（例如高興與大笑、悲傷與流淚、憤怒與臉紅脖子粗等等）。

二、心情：相對於情緒比較不強烈，起因大多是模糊不明確的。存續的時間較長，數小時、數天、甚至更久。不一定有顯著的表情變化或生理反應，經常由多種情緒混合而成，也因此較難客觀辨別，甚至人們自己或許也只能籠統的表示「好心情」或「壞心情」而已。

三、另一個詞彙「情感」(affect)：是情緒與心情的統稱，廣泛地涵蓋了所有人類經歷的心理感受與相對應的生理反應。

　　情緒與心情是互為因果、會相互影響的。情緒雖然是短暫的，但當我們不再專注於導致情緒反應的刺激時，情緒可能會轉換成長時間的心情。因此人可能因為遭受某次打擊之後從此一蹶不振，即使事件

已經過了很久，但當時不好的情緒卻轉換成了長期的壞心情。而當人處於某種心情狀態下，遇到特定的刺激時，則可能引發更強烈的情緒，或者相反的鈍化了情緒。例如人在心情不好的時候，遭受到了打擊會加倍傷心、加倍憤怒，但如果是遇到好事卻反而開心不起來。

當情緒出現的時候，通常會有相對應的「情緒性反應」(emotional reaction)，除了前述心理上的感受外，也包括了生理反應，例如憤怒時心跳加速、呼吸急促、血壓上升、腎上腺素釋放等。有時候，情緒來時人會出現「情緒性行為」(emotional behavior)，在情緒性反應下人可能會有異於常態的行為舉止，例如在憤怒情緒下的暴力與破壞行為等。

情緒與心情會受到許多個人因素的影響，包括個人的人格、脾氣、過去經驗等等的交互作用，也會受到荷爾蒙和大腦裡神經傳導物質影響。儘管人們常會將「情緒性」和「理性」視為對立的兩個面向，但事實上情緒對理性思考很重要，一些情緒引發的行為看上去沒有經過思考，實際上是由意識所產生出來的，而非全然的不理性。無論情緒是如何，都會左右後續的行為與動機。有些人擁有「冷靜」的個性特質，其實只是他們擅長將情緒隱藏，不表露出來罷了。

情緒與心情也容易受外在環境的影響。例如冬天和雨天就容易誘發人心情低落；夏天和大熱天則容易讓人覺得煩躁；每逢佳節倍思親；週末過後則有「藍色憂鬱星期一」(the Monday blues) 的上班族；不同的音樂能將人導向不同的情緒；人處於安靜與吵雜的環境中心情也各有不同。

情緒的種類有很多，不同的學說各自有其分門別類，而常見的基本情緒有六種：愉快、驚訝、恐懼、悲傷、憤怒與厭惡，而其他複雜

的情緒則由基本情緒加上認知所綜合而成的，例如驕傲、慚愧、嫉妒、羞恥等等。不曉得你是否看過一部有趣的動畫電影《腦筋急轉彎》(*Inside Out*) 呢？這部電影的劇本正是以此為題材所創作的。電影裡描繪了人們腦子裡存在了五個掌握人類情感的動畫角色：樂樂 (Joy)、憂憂 (Sadness)、怒怒 (Anger)、厭厭 (Disgust) 和驚驚 (Fear)，在電影中所有人類的經驗與感受都會透過這五個角色間的互動產生及記錄下來。

看過《腦筋急轉彎》的讀者一定對於電影裡頭的「情緒記憶」(emotional memory) 印象深刻！事實上，對於人類而言，附加上情緒感受的記憶的確會讓人印象特別深刻。今天給你看十張不同人的大頭照，很可能幾天後你就忘得一乾二淨了；但是如果給你看的是有場景、有故事感的十張生活照，幾天之後你可能都還會記得，因為生活照能讓人產生情緒反應，不論是喜歡或不喜歡、感動或不感動。應用到生活上也是一樣的道理，想在交友或求職時讓對方留下深刻的印象嗎？做些事讓對方產生「情緒」就對啦！不過提醒你，不同的情緒可能會留下不同的情緒記憶與情緒性行為喔！

≫ 延伸連結

編號 15｜心領神會的微笑

編號 20｜奪眶而出的眼淚

搭配成語

①七情六欲

泛指人的種種情感及欲望。⑤六根清淨。〔禮記・禮運：何謂人情？喜、怒、哀、懼、愛、惡、欲，七者弗學而能……故聖人所以治人七

情，修十義。〕〔呂氏春秋・仲春紀・貴生：所謂全生者，六欲皆得其宜也。｜漢・高誘注：六欲，生、死、耳、目、口、鼻也。〕

②喜怒哀樂

歡喜、惱怒、悲哀、快樂。形容人隨著處境的順逆而產生的各種情感。
〔中庸：喜怒哀樂之未發，謂之中；發而皆中節，謂之和。〕

③陰晴不定

|1|指氣候多變，時而下雨，時而放晴。近變幻莫測。〔水滸傳・第三十一回：我這兩日正待要起身去，因見天氣陰晴不定，未曾起程。〕|2|比喻人喜怒無常。

④一顰一笑

一個皺眉或一個微笑。指憂愁、歡喜的表情。顰，音ㄆㄧㄣˊ。皺眉。〔唐・權德輿・雜興五首（其一）：一顰一笑千金重，肯似成都夜失身。〕

14 心花朵朵的快樂與幸福

正向心理學

「快樂」(joy) 是一種當下自我感覺良好的正向情緒反應,意思和「開心」一樣。當我們問人:「你開心嗎?」問的就是「現在這個時刻,你是否感覺到快樂?」快樂可以是持久的、也可以是短暫的,快樂的情緒很容易受外在環境的影響而出現或消失。人在快樂時最常見的情緒表達就是露出笑容,不論是微笑或大笑。

當我們用英文描述人的快樂,通常使用的是形容詞 "happy",但名詞的 "happiness" 卻是「幸福」的意思。「幸福」在心理學上指的是一種長時間的、好的、正向的、心靈上滿意知足的心理狀態,而在生活與境遇上都稱心如意。幸福是許多宗教與哲學家追尋與探討的人生目標:古希臘哲學家亞里斯多德認為幸福是所有人追求的終極目標,追求幸福的行為本身為至善;佛教中人死後前往的西方極樂世界,「極樂」是永遠的喜樂,極樂世界其實就是沒有痛苦的幸福世界。

關於快樂與幸福,美國心理學家賽里格曼 (Martin Seligman) 認為快樂是一個事件 (thing),而幸福是一種概念 (construct)。快樂比較容易被觀察與測量,但幸福就很模糊了。大家應該都很容易回答「你今天快樂嗎?」的問題,但「你覺得幸福嗎?」的問題則很難回答;同樣的,你可以很容易感受的到身邊的人目前的心情狀態快樂或不快樂,但如果要你判斷他幸福或不幸福就不容易了,你需要對他有更多的了解才行,因為「幸福」本身就是一個包含多種面向的概念。

賽里格曼被稱為現代正向心理學運動之父，他提出「正向心理學」(positive psychology) 並鼓吹心理學界應該重視探求人們的正向行為與幸福感。他認為幸福包含五個面向，並且可以針對這五個面向做測量（PERMA，取自下列五面向之單字字首），來評估一個人的幸福程度：

一、正向情緒 (positive emotion)：主觀上能夠自己感覺到快樂與愉悅的情緒。

二、全心投入 (engagement)：能專注於從事某些工作，而幾乎可以忘了一切。在過程中通常沒有明確的感覺或想法，常在事後回顧時才萌生「那段時間真是美好啊！」的讚嘆。

三、人際關係 (relationship)：與他人有正向的溝通與互動，並且強化與他人之間的正向關係。人類是群體動物，整天宅在家、沒有朋友、沒有與人互動會讓幸福感降低。

四、意義 (meaning)：找到自己的價值與歸屬感。例如參加科展比賽，雖然沒有得獎，但可以從這歷程中感受到這是件值得回味且有意義的經驗；許多人在參與志工或宗教活動中自我肯定，亦增添幸福感。

五、成就 (achievement)：相較於「全心投入」與「意義」是屬於內在的幸福感，「成就」則是來自於外在情境。例如參加科展比賽得到冠軍、當志工獲得表揚都是一個階段性的成就，而這最終的「成就」能讓前面「全心投入」與「意義」所帶來的幸福感加倍！

很多人會困擾著不知自己的幸福該從何處得來，的確，每個人的幸福不同，別人的幸福來源未必就能帶給自己幸福，但可以確定的是：

幸福絕對不是建立在物質享受上面的！

關於幸福，偉大的哲學家蘇格拉底曾經說過：「不是泛泛人生，而是美好人生，才真正的有價值。」美好的人生便是幸福人生。以此與讀者們共勉之！

≫ 延伸連結

編號 13｜喜怒哀樂的情緒與心情

①眉飛色舞

形容非常喜悅、得意的神情。近喜形於色。反愁眉苦臉。〔清·李伯元·官場現形記·第一回：王鄉紳一聽此言，不禁眉飛色舞。〕

②喜上眉梢

喜悅之情流露在眉目之間。近喜不自勝。反黯然神傷。〔清·文康·兒女英雄傳·第二十三回：思索良久，得了主意，不覺喜上眉梢。〕

③喜形於色

內心的歡喜表現在臉上，用於形容內心抑制不住的喜悅。形，表露。近眉開眼笑。反憂心忡忡。〔戰國策·趙策三：趙王不說，形於顏色。〕〔唐·裴庭裕·東觀奏記·卷上：上悅安平不妬，喜形於色。〕

④手舞足蹈

雙手舞動，雙腳也跳起來。形容歡喜忘形的樣子。蹈，音ㄉㄠˋ。踩；

踏。<u>近</u>歡欣鼓舞。<u>反</u>悶悶不樂。〔孟子・離婁上：不知足之蹈之，手之舞之。〕〔水滸傳・第三十九回：宋江寫罷……不覺歡喜，自狂蕩起來，手舞足蹈。〕

⑤欣喜若狂

非常歡喜，像是發狂了一般。<u>近</u>歡天喜地。<u>反</u>悲不自勝。〔左傳・哀公二十年：諸夏之人，莫不欣喜。〕〔水滸傳・第一〇八回：宋江聞報……欣喜雀躍。〕〔清・尹湛納希・泣紅亭・第八回：說完施禮，康信仁欣喜若狂。〕

⑥歡天喜地

形容歡喜到極點。<u>近</u>欣喜若狂。<u>反</u>愁眉苦臉。〔京本通俗小說・錯斬崔寧：當下權且歡天喜地，並無他說。〕

15 心領神會的微笑

大笑

　　微笑 (smile) 是所有人類共通表達友善的表情，不論是在文明的國家，或者原始的部落，只要看到對方微笑，任何人都能感受到對方的善意。笑並不是人類的專利，發表「進化論」的達爾文 (Charles Robert Darwin) 在十九世紀就已經觀察並記錄黑猩猩被搔癢時表現出的「笑」，後來的動物學家更進一步將靈長類的笑分為「大笑」和「微笑」兩種：

　　一、大笑 (laugh)：發出笑聲的笑。靈長類在玩耍時普遍存在的表情，但只有與人類較相近的靈長類才會發出聲音。黑猩猩有時會互相玩搔癢遊戲把彼此搔得大笑。

　　二、微笑 (smile)：露出牙齒沒有笑聲的笑。黑猩猩在求偶時會微笑，日本猴在表達自己服從對方時也會微笑。靈長類的微笑起初是用來表達順從或畏懼，到了人類則將微笑發揚光大用來表達友好。

　　和其他靈長類相比，人類的微笑是十分特別的，因為人類可以在沒有任何目的性的情況下自然的表現微笑。利用現代的立體超音波技術，醫生驚訝地發現胎兒在媽媽肚子裡的時候經常露出微笑的表情，他們可是還沒看過任何人的微笑啊！出生之後，嬰兒、小孩甚至大人，許多人在睡著的狀態下也會露出微笑，但卻不一定和作夢有關。這似

乎也符合達爾文對於人類微笑的看法：人會微笑是遺傳而來的，而不是學習或文化薰陶而來的。

微笑在人與人的互動中具有許多神奇的魔力。相較於其他表情，任何人在微笑時都能讓人有較易親近的感覺。微笑經常代表了「我想和你說話」或「你可以找我說話」的訊號，和用口語說出 "HELLO!" 的效果一樣。不論是交朋友的場合或者找工作參加面試，保持微笑能讓新朋友或面試官留下好的第一印象，也能在後續的談話中容易贏得對方的信任。微笑也能讓人更具吸引力，特別在女性身上。而笑口常開的人總能減緩身邊緊張的氣氛，這應該也是大家共同的經驗吧！

微笑的神奇魔力除了發揮在他人身上外，對自己也有許多好處。許多研究證實，微笑是舒解壓力最有效的方式之一：壓力會讓人心跳加速、血壓上升，這時如果微笑就能夠讓心跳減緩、血壓下降。有趣的是，即使是強顏歡笑、擠出一絲絲的苦笑，也能達到相近的效果！不論是微笑或大笑，都能讓壓力造成的內分泌變化反轉，讓人的焦慮與憂鬱心情減輕，也能放鬆肌肉、減輕疼痛、增強免疫力。

你可能會以為笑的前提是「好的心情」：「好心情→微笑」，但研究也發現「微笑→好心情」，每天對著鏡子微笑有助於心情愉悅，即使生活中根本沒什麼值得開心的事！不知道你是否同意「孩子比大人更快樂」呢？或許是因為小孩平均一天笑了三百次，而大人一天才笑了二十次呢！

≫ 延伸連結

編號 30 ｜ 千斤重擔的壓力

搭配成語

①回眸一笑

轉動眼珠，嫣然一笑。形容笑屬嬌媚動人。眸，音ㄇㄡˊ。眼珠。近 嫣然一笑。〔唐・白居易・長恨歌：回眸一笑百媚生，六宮粉黛無 顏色。〕

②嫣然一笑

形容女子嫵媚可愛的笑容。嫣然，音一ㄢ ㄖㄢˊ。嫵媚微笑的樣子。近 巧笑倩兮。〔戰國・楚・宋玉・登徒子好色賦：腰如束素，齒如含貝， 嫣然一笑，惑陽城，迷下蔡。〕

③會心一笑

領會他人未明說之意或對事情別有體悟而微微一笑。會心，心中領悟。 近 心領神會。〔南朝・宋・劉義慶・世說新語・言語：會心處不必在 遠，翳然林水，便自有濠濮間想也。〕

④笑容可掬

形容笑容滿面，情意洋溢，似乎可以用雙手掬取的樣子。掬，音ㄐㄩˊ。 用雙手捧取物品。近 眉開眼笑。反 怒目相向。〔三國演義・第九十五 回：果見孔明坐於城樓之上，笑容可掬，焚香操琴。〕

⑤笑逐顏開

臉上綻開笑容。形容眉開眼笑，非常愉快。逐，隨著。近 眉開眼笑；

喜形於色。⑤愁眉苦臉；愁容滿面。〔唐·劉禹錫·送李友路秀才赴舉：高堂開笑顏。〕〔京本通俗小說·西山一窟鬼：教授聽得說罷，喜從天降，笑逐顏開。〕

16　火冒三丈的憤怒

憤怒、暴怒、負面情緒

　　憤怒 (anger) 是人類六種基本情緒之一，一般口語稱「生氣」、「發脾氣」，是一種當人遭受刺激、傷害或威脅時，可能出現的強烈情緒，帶有不舒服感、激動和敵意。「暴怒」(wrath) 則是形容極度強烈的憤怒。每個人都有憤怒的經驗，而且是從小就有的：當小嬰兒喝到一半的牛奶被

拿走時，他的情緒反應可能是難過，也可能是生氣；小學生在學校被同學惡作劇絆倒了，他的情緒反應可能是難過，也可能是生氣；長大一點參加鋼琴比賽，結果成績不理想，他的情緒反應可能是難過，也可能是生氣（氣自己不夠努力，或者氣裁判不公平）；出社會工作、為人父母之後，可以讓人難過或生氣的點就更多了！

　　憤怒似乎無所不在？在許多例子中你可以發現，同樣的刺激可能會觸發人有「悲傷」或「憤怒」不同的情緒，也可能同時合併兩種情緒。因此，憤怒經常和悲傷一起被歸類為「負面情緒」(negative emotion)，相對於快樂、愉悅的「正面情緒」(positive emotion)。

　　沒有人喜歡生氣，也沒有人喜歡看到別人生氣，因為有人生氣代

表著「某件事錯了」、「某個人遭殃了」，是打破和諧氣氛的常見因素。也因此，在歷史上不同的文化中，憤怒似乎都被貼上了負面標籤：天主教為人類的惡行條列為「七宗罪」(seven deadly sins)：傲慢、貪婪、色慾、嫉妒、暴食、憤怒及怠惰，憤怒便是其中之一；佛教也列出會毒害人們的身命和慧命的「三毒」（三不善根）：貪、瞋、痴，其中的「瞋」包含了憤怒、厭惡、與侵略他人。在講求以和為貴的東方文化裡，認為壓抑憤怒是種美德，孩子從小就被教育不能隨便發脾氣。但長大以後，相信每個人都會發現：「很多事能不生氣嗎？」而網路上也流傳著「一句話惹怒○○○」的各種趣味小品。似乎在大人的世界裡，很容易就遇到讓人生氣的點。

其實就心理學來說，憤怒是人再正常不過的情緒反應，和焦慮和憂鬱一樣是人面對壓力時的警報器：過了某條紅線憤怒就來了！在〈千斤重擔的壓力〉篇中提到，當動物面對危險時，會有「戰鬥或逃跑」(fight-or-flight response) 兩種可以選擇的反應，憤怒便是當中的「戰鬥」──戰鬥和逃跑一樣，都是為了保護自己。唯一不同的是，「逃跑」很難同時保護到自己以外的人事物，如果有非保護不可的自己以外的人事物，那也只有「戰鬥」一途了。因此，當我們某些「紅線」被踩，可能就會動怒了。舉個例子來說，兩人結婚以後，老公總是把家裡弄的亂七八糟，老婆很受不了怎麼辦？她有兩種選擇：眼不見為淨（逃跑），及教訓老公（憤怒＝戰鬥）；但是當他們有了小孩以後就不同了，老婆為了保護孩子、讓孩子有乾淨的生活環境，她只剩憤怒可以選擇，跟老公「戰鬥」。

就心理健康的角度來看，能將心中的憤怒發洩出來是好的，好過不斷將憤怒壓抑在心中，重要的是要學會用理性且健康的方式表達憤

怒，而不是一味的讓怒氣大爆發。在表達憤怒時要注意幾項重點：

一、先反思自己是否有過高或不合理的期待，並且深切了解自己為何生氣。

二、試著換位思考，設身處地為對方思考如何表達可以讓對方接收重要訊息。

三、平穩的語氣與適當的音量，切忌大吼大叫、飆髒話。

四、不要人身攻擊與以偏概全否定或貶低對方過去所做的一切。

五、學習給對方臺階下，得饒人處且饒人。

如果你希望自己表達憤怒之後，可以得到你想要的結果，或者事情有好的發展，那麼練習讓自己遵守上述幾個原則來發脾氣才是王道！應該沒有人會喜歡讓旁邊的人覺得自己像是野狗亂吠，你說是嗎？

≫ 延伸連結

編號 12｜百感交集的情緒理論

編號 13｜喜怒哀樂的情緒與心情

編號 14｜心花朵朵的快樂與幸福

編號 20｜奪眶而出的眼淚

搭配成語

①大動肝火

大怒；非常生氣。近大發雷霆。反心平氣和。〔清・無垢道人・八仙得道・第一回：毛虎聽了，不覺大動肝火。〕

②七竅生煙

形容氣憤到極點，好像七竅都要冒出怒火來。七竅，音ㄑㄧ ㄑㄧㄠˋ。指兩眼、兩耳孔、兩鼻孔和口。⑰火冒三丈。⑰平心靜氣。〔清·吳趼人·二十年目睹之怪現狀·第四十四回：他老婆聽了，便氣得三尸亂爆，七竅生煙。〕

③咬牙切齒

氣得咬緊牙關。形容憤怒、痛恨到極點。切，音ㄑㄧㄝˋ。咬緊。⑰拊膺切齒；深惡痛絕。〔元·孫仲章·河南府張鼎勘頭巾·第二折：為甚事咬牙切齒，唬的犯罪人面色如金紙。〕

④髮指眥裂

形容極度忿怒。髮指，頭髮豎立。形容盛怒的樣子。眥，音ㄗˋ。眼眶。⑰怒髮衝冠。⑰和顏悅色。〔清·梁章鉅·浪迹續談·雙忠祠碑：馬公罵賊，髮指眥裂。〕

17 以牙還牙的報復心理

報復、復仇、仇恨

　　報復（revenge 或 avenge）是指因為遭受到他人所做的不利自己的事，反過來做出不利於對方的事。「報復」的意思和復仇、報仇很接近，而 "avenge" 這個詞彙因為超級英雄的動漫與電影《復仇者聯盟》(*The Avenger*) 而廣為大眾認知。然而 "revenge" 和 "avenge" 的意含仍不大相同：雖然兩者都是以正義公理之名懲罰做錯事的人，但 "revenge" 指的是因為自己受到傷害而復仇，例如《獅子王》(*Lion King*)、《哈姆雷特》(*Hamlet*) 故事裡的王子復仇記：父親遭叔叔殺害，王子長大後向叔叔復仇；而 "avenge" 則不一定是自己有受到任何傷害，可以是單純為了正義而向做壞事的人報復，例如超級英雄為了拯救市民制裁反派。

　　有趣的是，雖然在許多的社會文化中，報復是不被鼓勵的，但當你看到有關報復的故事情節時是否也會覺得熱血沸騰呢？心裡是否會有「那個壞人真是死有餘辜」的想法呢？這些感受都是真實的，也暗示著報復的心理相當原始，有如本能地存於人們心中。

　　研究發現，曾經遭受他人不利舉動的受害者，會有情感上的「疼痛」，他們的大腦和疼痛相關聯的區域會變得活躍，也因此情感上變得脆弱。但如果有機會復仇，疼痛很快就會被快樂取代。而且除了報復的行動讓人感到快樂外，在行動之前的「預期報復」也能讓人產生欣快感。不過這裡要強調的是：報復的快樂是短暫的！報復所帶來的正

向情緒，隨著行動結束漸漸會回歸疼痛。

報復心理之所以會一直存在於人類世界中，也是因為它能給存有傷害他人念頭的人產生威懾作用：「如果你傷害他人，你就得承擔受到他人復仇的後果！」不論古今中外，對於被報復的恐懼確實也影響了不少人類的歷史。

然而面對仇恨，世界上大多數的宗教是主張不採取報復、忍耐並感化對方。雖然《聖經》中的《舊約》曾提到「以眼還眼、以牙還牙」（"Eye for eye, tooth for tooth"），但祂的意思是「報復要適可而止」、「報復的程度不能超過你受的傷」。《聖經》也提到「有人打你的右臉，連左臉也轉過來讓他打」。佛教也闡明要忘記仇恨、相信因果，傷害你的人終究會遭受到報應，「善有善報，惡有惡報，不是不報，時辰未到。」

事實上，現代司法的設立，某種意義上也是藉由刑責代替受害者執行報復、懲罰壞人，讓受害者免於掉落彼此報復的漩渦當中。對於「報復」這件事，美國傳奇明星法蘭克・辛納屈道出了最佳解答，他說：「巨大的成功就是最好的報復！」（"The best revenge is massive success!"）你說是嗎？

搭配成語

①**以眼還眼，以牙還牙**

別人若以怒目瞪我，我就怒目瞪他；若用牙咬我，我也回咬他。比喻用同樣方式報復，絕不寬容。⑬以其人之道，還治其人之身。⑭以德報怨。〔舊約全書・出埃及記：若有別害，就要以命償命，以眼還眼，以牙還牙。〕

②**血債血還**

被殘殺的仇恨，要對方以鮮血來償還。指犯下殺人害命的罪行，必須以死來抵償。也用作誓言報仇的激憤語。近以牙還牙。反以直報怨。

③**睚眥必報**

即使只是遭人怒目而視的小怨也一定要報復。睚眥，音ㄧㄞˊ ㄗˋ。怒目而視。近錙銖必較。反寬洪大量。〔史記・范雎蔡澤列傳：一飯之德必償，睚眥之怨必報。〕〔宋・蘇轍・論呂惠卿：其凶悍猜忍如蝮蝎，萬一復用，睚眥必報。〕

④**冤冤相報**

指不斷地互相報復。近以眼還眼。〔元・無名氏・朱砂擔滴水浮漚記・第四折：纔見得冤冤相報，方通道天理難容。〕

⑤**前嫌盡釋**

放下過去的一切嫌隙與仇怨。釋，放。也作「盡釋前嫌」。近言歸於好；重修舊好。

⑥**以德報怨**

用恩惠來回報仇怨。反恩將仇報。〔論語・憲問：或曰：「以德報怨，何如？」子曰：「何以報德？以直報怨，以德報德。」〕

18　沉痛欲絕的哀傷

哀慟反應、失去、悼念、悲傷輔導

　　哀傷 (grief)，指的是面對所愛的人死亡，或心愛之物永久失去所產生的多重反應，除了在情緒上會表現出悲傷難過之外，也會產生包括生理上、認知上、行為上等等的變化。哀慟反應 (bereavement) 也可直翻為「喪親之痛」，是特指因為親人死亡所引起的痛苦反應。

　　對哀傷的反應是人生中極大的壓力。何慕斯與雷伊 (Holmes & Rahe) 所設計的「社會再適應量表」(Social Readjustment Rating Scale, SRRS)，臺灣亦稱「生活事件壓力量表」，表中將生活可能面臨的壓力事件做一排序，在四十三個壓力類別當中，第一名便是「配偶的死亡」，而「其他親密家庭成員的死亡」也排名第四，對比於「和老闆不合」才排名第三十，由此可知哀傷對人所產生的壓力之大。

　　哀傷可能引發的反應很多，在情緒上常見的表現有憂鬱、愁苦、憤怒、麻木等等；在認知上則可能出現罪惡感、否認、思緒紊亂、精神恍惚、揮之不去的思念、甚至幻覺；而在行為上則可能出現睡眠障礙、食慾異常、社會退縮、刻意避開死者遺物等等；而哀傷在生理上的反應

則可能是各種身體的不適，例如胸悶、心悸、全身無力、喉嚨乾燥等等。雖然哀傷所引發的反應會因為社會文化、教育程度、年齡等等而有所不同，但其中「心頭上的不適」是最常見的生理反應，因此有在東方用「傷心」來形容、而在西方則用 "broken heart" 來形容的巧合。

面對哀傷事件，悲傷者要完成四個重要的任務才能從悼念中走出陰鬱：㈠接受失落的事實，㈡體驗並接納哀傷的痛苦，㈢重新適應亡者不在的世界，㈣轉移情感至新的關係。因此，正確的「悲傷輔導」是要陪伴並協助悲傷者將情緒宣洩出來，而非「男兒有淚不輕彈」，即一味地要求悲傷者壓抑情緒不要胡思亂想。談論死亡、利用遺物或相片回憶過往、寫信給亡者、寫下心情日記、畫出與亡者有關的圖畫等等，都是成效顯著的諮商技巧。這裡要提醒的是，悲傷輔導一般建議由專業人士（如醫師、社工人員、心理師等）、受過訓練的義工，或自助團體來施行，藉由他們專業的引導，輔助人們走出傷痛，回歸正常生活。

≫ 延伸連結

編號 44 │ 遁世匿跡的社會孤立

搭配成語 ↗

①生離死別

生時遠隔兩地，死後天人永別。指人生中最悲痛的二事。近天人永隔。〔戰國·楚·屈原·九歌·少司命：悲莫悲兮生別離。〕〔漢·孔雀東南飛：生人作死別，恨恨那可論！〕〔南朝·陳·徐陵·與齊尚書僕射楊遵彥書：況吾生離死別，多歷暄寒。〕

②憂生傷逝

1憂慮生命，悲傷死亡。2憂慮生者，哀傷逝者。〔續高僧傳・卷三○：臨丹陽尹，無何而歎，有憂生之嗟。〕〔北周・庾信・周趙國公夫人紇豆陵氏墓誌銘：孫子荊之傷逝，怨起秋風。〕〔明・李贄・焚書・卷四：人莫不欲生，然卒不能使之久生；人莫不傷逝，然卒不能止之使勿逝。〕

③哀毀骨立

形容因過於悲痛而使身體極度消瘦。多用於居父母之喪時。哀毀，因過度悲傷而損壞身體。骨立，形容人骨瘦如柴。近椎心泣血。〔後漢書・韋彪傳：彪孝行純至，父母卒，哀毀三年，不出廬寢。服竟，羸瘵骨立異形，醫療數年乃起。〕

④哀哀欲絕

形容悲傷到了極點。近肝腸寸斷。反歡天喜地。〔紅樓夢・第十三回：那寶珠按未嫁女之喪，在靈前哀哀欲絕。〕

⑤肝腸寸斷

肝和腸一寸寸地斷裂。形容傷心、悲痛到了極點。也作「柔腸寸斷」。近痛不欲生。反樂不可支。〔晉・干寶・搜神記・卷二○・猿母猿子：有人入山，得猿子，便將歸。猿母自後逐至家……此人既不能放，竟擊殺之。猿母悲喚，自擲而死。此人破腸視之，寸寸斷裂。〕〔樂府詩集・華山畿：腹中如湯灌，肝腸寸寸斷。〕

19 悶悶不樂的憂鬱

憂鬱症

　　憂鬱 (depression) 是一種負面的情緒與心理狀態，人表現出悲傷與低落，並且帶著負面的思想如自卑、絕望等等。憂鬱是人類正常的情緒之一，但是強烈且持久的憂鬱情緒，則可能是醫學上的憂鬱症 (depressive disorder)。中文有許多形容詞和憂鬱有相近的意思，例如難過、傷心、悲傷、哀傷、鬱悶等等，如果再加上臺語的「鬱卒」、「阿雜」、「肝苦」等等就更多了，但大部分的人對於這些詞彙的差異都分不清楚，並不是因為大家的中文造詣不深，而是憂鬱本身就是個複雜多變的心情狀態：你的憂鬱和我的憂鬱不同；你今天的憂鬱和昨天的憂鬱也不盡相同。

　　和其他的情緒表現一樣，憂鬱不僅僅只有心理上的悲傷而已，也綜合了許多生理上、思想認知上及行為上的變化，下面就舉例說明憂鬱的人可能會有的表現：

一、心理狀態：憂鬱者的內心並非只是低落心情而已，通常也伴隨容易緊張、焦慮、暴躁易怒等負面情緒，而且情緒的起伏變大。除了負面情緒的出現，還有正面情緒的減少，例如感覺不到喜悅、遇到好事也開心不起來、吃原本喜歡的食物也不覺得好吃等等。
二、思想認知：憂鬱者的頭腦裡經常在負面思想中打轉，例如自卑感、自我責難、無助感、罪惡感、無希望感、尋短的念頭等等。而大腦的心智運作也會受到影響：頭腦變得遲頓、記憶力變差、

專注力不足、經常恍神放空，或者腦筋一片混亂，也因此影響了正常的學習與工作表現。

三、行為表現：憂鬱的人經常會有異於平常的表現可以讓旁人觀察得到，例如對原本的嗜好興趣缺缺、忽視原本會負的責任、疏於自我照顧（例如洗澡、裝扮）、坐立難安、拒絕社交活動、經常躲在家裡或房間裡等等，甚至可能出現自我傷害的行為。有些人會出現大量飲酒或濫用藥物或非法物質。

四、驅力變化：憂鬱的人對於生理需求上驅力改變，在飲食上，可能會不覺得餓、沒有胃口而減少進食，進而體重減輕，也可能因為過量進食而體重節節上升；在睡眠上，通常會有入睡困難、多夢、頻繁中斷睡眠、及睡眠時間縮短的情況，但也可能因喪失活力、疲累而把大部分的時間花在床上。

五、身體症狀：憂鬱的人可能在身體會出現各種不舒服，例如胸悶、心悸、頭暈、頭痛、肩頸酸痛、腹痛、腹瀉、便祕等等與自律神經有關的症狀。

在世界上，憂鬱是幾乎人人都會經歷過的心情，畢竟人生難免有挫折與失去，只是每個人憂鬱時出現的症狀不同，輕微的可能只有少數幾個上述的情況，並且幾天就過去了；嚴重的則可能出現許多上述的症狀，並且持續數週、數月、甚至幾年以上，這樣憂鬱的人很可能就達到醫學上「憂鬱症」的診斷。

有些人對憂鬱症患者不了解，常以「我以前也曾經憂鬱過，想開了就沒事了」的態度面對憂鬱的家人與朋友。但實際上，一般人的憂鬱心情與憂鬱症是完全不同的事，打個比方來說，一般的憂鬱如果像

跌落山谷，那麼憂鬱症患者的憂鬱則是跌落到大峽谷最底下去了。憂鬱症是一種真實的生理疾病，它和大腦中的神經傳導物質失調有關，並非傳統觀念中的「心理不夠堅強」所造成的，因此也非常困難在沒有醫療的協助下靠自己的意志力克服。根據全球各國的研究統計，平均每一百人中就有三至五人罹患憂鬱症，而終身盛行率更高達 20%，世界衛生組織 (WHO) 將憂鬱症與癌症、愛滋病列為世紀三大疾病，正是因為憂鬱症是影響人的生活品質與生產力最大的疾病。如果發現自己或周遭的親友可能有憂鬱症的傾向，請務必儘快尋求醫療的協助喔！

※ 延伸連結

編號 13｜喜怒哀樂的情緒與心情

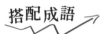

① 了無生趣

指毫無生存的意念，或生活枯燥乏味。了，音ㄌㄧㄠˇ。完全。⑰索然無味。⑰趣味橫生。

② 懷憂喪志

滿懷憂傷，喪失鬥志。⑰灰心喪氣。⑰意氣風發。〔後漢書‧申徒剛傳：人人懷憂，騷動惶懼。〕〔晉書‧周浚傳：將令賢智杜心，義士喪志。〕

③食不甘味，寢不安席

吃飯吃不出滋味，睡覺也不能安穩。形容心中掛念、憂慮著某件事而吃不下飯、睡不好覺。也作「寢不安席，食不知味」。近憂心如焚。反高枕無憂。〔戰國策・齊策五：秦王恐之，寢不安席，食不甘味……為死士置將，以待魏氏。〕

④悶悶不樂

心情憂鬱不快樂。近怏怏不樂；抑鬱寡歡。反眉飛色舞。〔三國演義・第十八回：意欲棄布他往，卻又不忍，又恐被人嗤笑。乃終日悶悶不樂。〕

⑤愁眉苦臉

皺著眉頭，哭喪著臉。形容憂傷愁苦的神情。近愁眉不展。反喜上眉梢。〔清・吳敬梓・儒林外史・第四十七回：成老爹氣的愁眉苦臉，只得自己走出去，回那幾個鄉裡人去了。〕

⑥憂心忡忡

憂慮不安的樣子。忡忡，音ㄔㄨㄥ ㄔㄨㄥ。憂愁的樣子。近愁腸百結。反無憂無慮。〔詩經・召南・草蟲：未見君子，憂心忡忡。〕

⑦日坐愁城

天天都處在憂愁之中。近愁容滿面。反心花怒放。〔清・高詠・致顏遜甫書：緣貧病交侵，日坐愁城苦海故也。〕

20　奪眶而出的眼淚

哭泣、壓力、情緒

哭泣 (cry) 是所有人類共通的情緒反應之一。打從娘胎出生、呱呱墜地的那一刻起，每個人都歷經了生命中的第一次哭泣。不過嬰兒一出生時的大哭，並不是出自於心理或情緒的反應，而是單純的生理本能：離開媽媽的子宮後，嬰兒第一次暴露在空氣中，需要將肺臟的功能開啟，而第一次的哭喊便是為了呼吸。

我們可以將哭泣視為一種「肢體語言」，人在特定的場景當中可以藉由哭泣表達自我並與人達到溝通的目的。例如小嬰兒就是用哭泣來表達他的需求：想吃東西、想睡覺、想換尿布、想要大人抱抱等等。許多成人也會利用哭泣來替代不知如何說出口的話語，當一個人淚眼汪汪時，總會讓旁人覺得他楚楚可憐，想給他安慰或一個擁抱。

要判斷一個人是否正在哭，或者剛剛才哭過，對大部分的人來說並不會太難：紅腫的眼睛、溼潤的眼眶、泛紅的鼻子、眼角流下的淚水和淚痕，都是哭泣的線索。雖然哭泣是人難過與低潮時的正常情緒反應，但卻並不是只能在悲傷的情緒下出現，也會出現在高興、憤怒、害怕、擔心等等的情緒當中。整體來說，哭泣與眼淚大多是在有壓力，

或壓力解放時的情緒下出現。

科學家在淚液 (tear) 的研究中發現，同樣是從眼睛流出的淚水（俗稱眼淚），不同原因而流下的淚液成分大不相同。淚液可以分為三類：

一、基礎淚液 (basal tears)：二十四小時不中斷的釋出，搭配眼瞼的眨眼動作，能夠保持眼睛溼潤不乾燥，也具備基本的免疫能力可抵抗細菌，對於保護眼睛非常重要。

二、反射性淚液 (reflex tears) 或刺激性淚液 (irritant tears)：大多是在眼睛受到刺激時，正常生理反射而流下的淚液，例如因為切洋蔥而流下的淚液、遭防狼噴霧劑攻擊而流下的淚液、因強烈的光線或熱空氣而流下的淚液。反射性淚液也不僅僅發生在眼睛受到刺激，應該很多人都有經驗：當舌頭嘗到極度的辣味時，也常會不自主的就溼了眼眶。

三、情緒性淚液 (emotional tears)：一般我們講哭泣所流下的淚液。情緒性淚液的成分中含有較高的蛋白質，成分中有與壓力有關的泌乳激素 (prolactin)、促腎上腺皮質激素 (adrenocorticotropic hormone, ACTH) 等等，有別於其他兩類的淚液。也因此，在心理學上普遍認為因情緒而來的淚液與哭泣有助於壓力的釋放。

在〈喜怒哀樂的情緒與心情〉篇中有提到，喜怒哀樂各種情緒都是人與生俱來的，但在許多文化當中流淚卻被人貼上了脆弱的標籤，例如「男兒有淚不輕彈」，似乎男孩子只要眼中有淚就會被大人囑咐要擦掉眼淚。然而事實上，哭是正常的情緒反應，不哭反而容易對健康造成傷害。

當人心情極度低落、憂鬱時，哭泣是天然且健康的舒壓方式，人可以藉由哭泣將內心的壓力與怨氣發洩出來，因此在哭過之後人反而會有暢快感。女性的壽命比男性長的原因很多，有些學者認為「愛哭」也是其中一個女性的優勢。人在哭泣之後，內在情緒的強度會減少將近四成。相反的，如果不能利用眼淚把情緒壓力消減，眼淚往肚子裡吞、強忍著不哭，反而會造成「內傷」，壓力無法宣洩的結果可能誘發精神疾病，或導致生理問題的惡化，例如情緒障礙、胃潰瘍等等。這裡要提醒為人父母的你：孩子想哭就讓他哭吧！長期壓抑情緒的結果長大可是會缺乏自信，也可能出現人格發展的問題唷！

≫ 延伸連結

編號 13｜喜怒哀樂的情緒與心情

編號 88｜透露訊息的肢體語言

搭配成語

① 潸然淚下

心有所感而落淚。潸然，音ㄕㄢ ㄖㄢˊ。流淚的樣子。近涕泗縱橫。反眉開眼笑。〔詩經・小雅・大東：睠言顧之，潸焉出涕。〕〔漢書・劉勝傳：紛驚逢羅，潸然出涕。〕〔唐・李賀・金銅仙人辭漢歌序：仙人臨載，乃潸然淚下。〕

② 嚎啕大哭

放聲大哭。嚎啕，音ㄏㄠˊ ㄊㄠˊ。大哭聲。也作「嚎啕痛哭」。近捶胸頓足。反開懷大笑。〔唐・敦煌變文集・李陵變文：李陵弓矢俱無，勒

彎便走，捶胸望漢國，號咷大哭。〕〔元·楊顯之·臨江驛瀟湘秋夜雨：冤枉事誰行訴與？從今後忍氣吞聲，再不敢嚎咷痛哭。〕

③涕泗縱橫

眼淚和鼻涕流得滿臉都是。形容哭得很傷心的樣子。涕，音ㄊㄧˋ。眼淚。泗，音ㄙˋ。鼻涕。縱橫，交錯雜亂的樣子。近淚如雨下。反笑逐顏開。〔詩經·陳風·澤陂：寤寐無為，涕泗滂沱。〕〔漢·司馬相如·長門賦：左右悲而垂淚兮，涕流離而從橫。〕〔宋·王禹偁·謝加朝請大夫：非小臣稽古之力，乃陛下好文之心，涕泗縱橫，亂於縻縺。〕

④喜極而泣

高興到了極點，反而落下淚來。反悲從中來。〔宋史·后妃傳下·韋賢妃：帝初見太后，喜極而泣。〕

⑤熱淚盈眶

激動的淚水充滿眼眶。近潸然淚下。反笑容可掬。〔清·尹湛納希·泣紅亭·第五回：娜氏以為她必是寫與盧梅的訣別詩，不禁熱淚盈眶。〕

⑥抱頭痛哭

因傷心或激動而相擁大哭。近痛哭失聲。反笑逐顏開。〔西遊記·第九回：光蕊見了老母，連忙拜倒，母子抱頭痛哭一場。〕

21 手足無措的恐慌

恐慌發作、恐慌症

　　恐慌 (panic) 是一種突來的、極度強烈的焦慮與恐懼感，恐慌的出現會直接影響人的思考與認知，恐慌者當下腦子裡只有「儘快逃離現場」及「從恐慌中解脫」的念頭。恐慌大多發生在單一個人身上，但偶爾會發生「集體恐慌」(mass panic) 的事件，集體恐慌是指同時有數個、數十個、數百個、甚至更多的人在群體中出現恐慌，猶如恐慌自動散播、傳染給群體的每一個人。許多集體恐慌事件發生在球場、大賣場、宗教場合等人群聚集的地方，一旦發生，每個感染到恐慌情緒的人都想往出口逃離，因此造成人群推擠、甚至有人跌倒遭他人踩踏的事件，往往造成傷亡。恐慌有這麼可怕嗎？接著為你說明恐慌到底是什麼。

　　在醫學上，「恐慌發作」(panic attack) 就是指上面所描述的突然發生的強烈焦慮與恐懼，會在幾分鐘之內很短的時間到達頂點，同時伴隨許多與自律神經有關的身體不適，如有心跳加速、呼吸急促、心悸、喘不過氣、喉嚨有異物感、窒息感、冒冷汗、發抖發麻、全身發熱或寒顫、噁心、暈眩、強烈腹痛、頭重腳輕等多種症狀同時出現。較強烈的恐慌發作時，人會有吸不到空氣、心臟快跳出來或快停止、人快昏倒、快失去控制而發瘋，甚至有瀕死的錯覺而緊急就醫，但恐慌大多在半小時內自動緩解，可能在抵達醫院前或抵達後不久就恢復了，而通常心電圖、血液等各種檢查也都找不出毛病。

　　許多病人在發作過後會問醫生：「我所有的檢查都正常的？那怎麼

會有快死掉了的感覺呢？」那是因為恐慌所造成的各種身體不適是自律神經失調所造成的，而非那些器官本身生病了，例如恐慌當下心臟快停了的感覺，並不是心臟有什麼疾病，因此心電圖檢查結果當然都無大礙。但發作之後患者會有歷劫歸來似的感覺，身心俱疲，也可能緊張感與焦慮會持續較長一段時間。

第一次的恐慌發作通常是無法預期的，但大多與臨近的壓力有關。許多人一輩子就只有過一次恐慌發作，但有些人則會反覆發生，而往後的恐慌發作就不一定在壓力事件下才會被誘發。當人反覆的恐慌發作，而且持續害怕擔心下一次的發作，甚至為此逃避某些可能引發恐慌發作的場所或影響生活，就可能符合「恐慌症」(panic disorder) 的診斷。恐慌症並非單純由壓力事件所誘發生病的，畢竟每個人都有壓力，很多人的壓力也很大，但並非人人都有機會患有恐慌症。恐慌症的致病因子包含了心理因素、環境因素及生理上的體質問題，前二者和壓力有關，或許可以靠個人的意志力與壓力的調適獲得症狀的緩解，但體質問題則和基因遺傳、腦內的血清素等神經內分泌、與自律神經系統有關，一般必須透過藥物治療才能獲得改善。

恐慌發作的經驗可說是相當恐怖，在發作當下有幾個要點，或許能幫助自己度過發作期間：

一、告訴自己「這個是恐慌發作，快掛掉的感覺並非真實」。

二、閉上眼睛，在腦海中回想讓你感到平靜、快樂的場景。

三、嘗試用深呼吸、靜坐、輕鬆散步、或其他的放鬆技巧。

四、在心中反覆默唸能讓自己心定下來的熟悉語句，例如「南無阿彌陀佛」、「心靜自然涼」。

五、如果透過前面幾種方法仍很難幫助自己平靜下來，服用醫師開立的緊急藥物是最有效的大絕招喔！

≫ 延伸連結

編號 30｜千斤重擔的壓力

搭配成語

①驚慌失措

極度害怕驚慌，不知如何應付。也作「驚惶失措」。⑲手足無措。⑳不慌不忙。〔北齊書・元暉業傳：孝友臨刑，驚惶失措，暉業神色自若。〕

②倉皇失措

恐懼慌張，不知如何應付。⑲不知所措。⑳從容不迫。〔太平廣記・卷一八一・裴德融引盧氏雜說：裴倉皇失措，騎前人馬出門去。〕

③提心吊膽

形容人心神恐慌不安的樣子。⑲惴惴不安。⑳處之泰然。〔明・凌濛初・初刻拍案驚奇・卷一九：小婦人冤仇在身，日夜提心吊膽，豈有破綻露出在人眼裡？〕

④雞飛狗跳

比喻因為驚慌或受騷擾而引起大混亂。⑲雞犬不寧。

22　不寒而慄的恐懼

特定畏懼症、特定場所畏懼症、密閉空間恐懼症

　　恐懼 (fear) 是當人面對眼前或想像中的危險、厭惡之事物時，所產生的緊張、害怕、驚慌感受。恐懼是人類六種基本情緒之一，是人出生後自然會有的情緒反應。大部分的人對於特定的環境與事物都會抱持著恐懼的心理，例如害怕站在高處、害怕身處於黑暗的空間、害怕打雷閃電、害怕凶猛的動物等等，這樣的恐懼是人類生存在險惡的大自然中經過物競天擇遺傳下來的本能反應，是「戰鬥或逃跑」(fight-or-flight response) 中讓人類退縮、選擇逃跑遠離的情緒。不懂得「恐懼」、不懂得「趨吉避凶」的人類及任何生物，都是不容易存活下來的，不過人類可以藉由經驗學習來克服心中的恐懼。

　　當人處於恐懼的情緒下，會出現更強烈於焦慮所帶來的生理反應，包括心跳加速、血壓升高、肌肉緊繃、瞳孔放大、冒汗、顫抖等等，強烈的恐懼甚至可能讓人昏厥。

　　畏懼症 (phobia) 也可以翻譯成「恐懼症」，在醫學上屬於「焦慮症」的一個分類。其中，「特定畏懼症」(specific phobia) 是非常常見的，舉凡害怕蟑螂、害怕蜘

蛛、害怕老鼠、害怕打針、害怕看到血、害怕站在高處、害怕地震、害怕打雷、害怕巨大的聲響等等，只要恐懼是持續且強烈的，而且強烈到影響生活與工作，人會積極地避免接近否則得強忍痛苦，就符合醫學上的「特定畏懼症」診斷。想想你自己或你的家人朋友，是不是也有類似的狀況呢？不過大部分符合這個診斷的人，因為恐懼的對象是「特定的」，因此只要自己能避得開，通常不會影響日常生活太多，也就不一定需要接受治療──畢竟，有懼高症？不要爬高塔就好啦！怕蟑螂？找老公（或老婆）打死牠就好啦！但有些人的職業或生活中需要經常面對他所恐懼的對象，例如害怕看到血液的醫生或護理師，就得設法靠自我的磨練或接受心理治療才不會被畏懼症所苦了！

「特定場所畏懼症」(agoraphobia) 是另一種畏懼症的型式，過去被稱為「懼曠症」，因為有些特定場所畏懼症的人害怕的是空曠的廣場；一般我們常聽到的「密閉空間恐懼症」也是屬於這個分類。在醫學的診斷下，特定場所畏懼症包含了對五種場景的恐懼：搭乘大眾交通工具（如巴士、火車、飛機）、在開放空間（如市場、橋梁、停車場）、在密閉空間（如劇院、電影院、電梯）、排隊或者在擁擠的人群中、獨自在家以外的地方。特定場所畏懼症會害怕恐懼的並非這些場所本身，而是害怕自己待在這些場所中，如果發生了什麼事會難以逃脫。只要一接近這些地方，或者想像即將到這些地方，焦慮和恐懼感立刻出現，唯一能獲得解脫的方式就是離開現場。「特定場所畏懼症」對人生活的影響遠比「特定畏懼症」高上許多，例如害怕搭乘飛機的人就難以出國工作或旅遊、害怕擁擠人群的人則是連百貨公司週年慶都無緣瞎拼了！

近年來有愈來愈多人有著「開車上高速公路」、「開車過雪山隧道」

的恐懼，你想，這樣的影響會有多大呢？在政治上，憲法保障人民有「免於恐懼的自由」；在醫學上，每個人也都該有「免於恐懼的自由」——畏懼症所產生的恐懼會帶來許許多多的不方便與不自由（不能自由的出國或瞎拼）。許多人會有「害怕搭飛機或害怕擁擠人群完全是因為膽子太小」的誤解，其實特定場所畏懼症除了有其心理因素之外，也包含生理與環境因素，因此並不一定可以單純靠個人的意志力去克服的！這樣的困擾是可以向醫師或心理師尋求協助的喔！

≫ 延伸連結

編號 12｜百感交集的情緒理論

編號 24｜心神不安的焦慮

搭配成語

①毛骨悚然

從毛髮到骨頭都感到害怕。形容非常恐懼的樣子。悚然，音ㄙㄨㄥˇ ㄖㄢˊ。恐懼的樣子。悚，也作「竦」。〔近〕不寒而慄。〔宋・洪邁・夷堅志・大渾王：未幾，因出謁，過妻氏之門，毛骨凜然俱竦，即得疾。〕〔三國演義・第二十二回：左右將此檄傳進，操見之，毛骨悚然。〕

②不寒而慄

天氣不寒冷身體卻發抖。形容非常害怕。慄，音ㄌㄧˋ。顫抖。〔近〕心驚肉跳。〔反〕泰然自若。〔史記・酷吏列傳：是日皆報殺四百餘人，其後郡中不寒而慄。〕

③畏首畏尾

怕前怕後。比喻做事顧慮太多，畏縮不前。近瞻前顧後；裹足不前。反大刀闊斧；敢作敢為。〔左傳・文公十七年：古人有言曰：「畏首畏尾，身其餘幾？」〕

④縮頭烏龜

把頭縮進殼裡的烏龜。比喻膽小怕事、逃避現實的人。近膽小如鼠。〔明・方汝浩・禪真逸史・第二十一回：這悍婦只可欺那縮頭烏龜，敢惹誰來？〕

⑤怯聲怯氣

形容說話時膽怯畏縮的樣子。怯，音ㄑㄧㄝˋ。膽小；畏縮。反理直氣壯。

⑥侷促不安

形容因緊張害怕而不知所措的樣子。近忐忑不安。反神色自若。〔清・李伯元・文明小史・第三十三回：一張方方的臉，一陣陣的紅上來，登時覺得侷促不安。〕

⑦膽破魂奪

比喻非常驚懼害怕。也作「膽破氣奪」、「膽破魂飛」。近魂不附體。反氣定神閒。〔三國志・魏書・明帝紀・裴松之注引魏略：驅略吏民，盜利祁山，王師方振，膽破氣奪。〕〔清・佚名・大八義・第二十二回：李氏一聞此言，嚇得膽破魂飛。〕

23 難分難捨的 分離焦慮

依附

　　媽媽對寶寶而言有種神祕的安定力量，只要媽媽靠在身邊，寶寶似乎就能平靜地睡覺或玩耍；相反的，如果媽媽不在身邊，寶寶可能就要鬧得天下大亂了！這麼看來，媽媽豈不是不能離寶寶半步了？——其實，這主要是因為寶寶的分離焦慮 (separation anxiety) 所造成的。

　　「分離焦慮」一般指的是幼兒與母親分開時所表現的不安情緒。大多數的嬰兒在六個月大以前還不大能分辨熟悉與陌生的人，只要友善的人親近都能讓他們感到安心；到六個月左右，嬰兒開始可以辨別不同人的親疏遠近，對於經常陪伴他們的母親（或父親、其他長輩、保母）會建立特定單一的依附關係 (attachment)，這樣的依附關係會讓孩子想整天依賴在母親身邊，害怕母親離開自己。

　　孩子分離焦慮的高峰期大約在一歲半左右，那時候也正值孩子學會走路的時期，於是經常可見媽媽走到哪兒、寶寶就跟到哪兒；如果被媽媽單獨留在某個角落，寶寶就放聲大哭了。在一歲半之後，孩子逐漸發展更廣的社會性，也會與主要照顧者以外的其他親近的成人產生多重的依附關係。媽媽不在時只要還有其他熟悉的人在，寶寶也不會這麼焦慮。而據〈形影相隨的依附〉篇我們可以明白，不同依附類型的孩子，在面對「分離」這件事的時候，產生的反應也會不盡相同。分離焦慮也不只會發生在孩子身上，有些家長在面對孩子長大後的空巢期也可能出現分離焦慮。

在精神醫學上有「分離焦慮症」(separation anxiety disorder) 這個診斷，主要指兒童或青少年在與所依附的人分離時表現出不符合該年紀會有的過度焦慮或恐懼，而這樣的焦慮或恐懼持續至少四週以上，而且影響了日常的社交、學業或其他重要生活。如果成人在與他人分離後也出現了長達半年以上的焦慮或恐懼，也符合分離焦慮症的診斷。

有些學齡兒童可能因為分離焦慮症而出現拒學的情況，家長最重要的是讓孩子知道父母不在身邊只是短暫的，並且給予孩子承諾，在約定好的時間準時接送孩子。在孩子上學時準備一些父母的象徵性物品帶在身上來替代陪伴，也是不錯的改善方式喔！

≫ 延伸連結

編號 45｜形影相隨的依附

搭配成語

①離情依依

形容別離時留戀不捨的樣子。依依，留戀不捨的樣子。近依依不捨；戀戀不捨。

②依依不捨

形容非常眷戀，捨不得離開。近難分難捨。〔東漢・王逸・九思・悼亂：顧章華兮太息，志戀戀兮依依。〕〔明・馮夢龍・醒世恆言・卷四：依依不捨，永日忘歸。〕

③難分難捨

形容情意親密，捨不得分離。也作「難捨難分」。近如膠似漆；親密無間。反視同陌路。〔明・楊爾曾・韓湘子全傳・第十九回：退之當時吩咐竇氏……淚出痛腸，難分難捨。〕〔明・龔天我・摘錦奇音・同窗記：欲別又難忍，止不住汪汪淚盈，正是難捨難分。〕

④戀戀不捨 ｜ ㄌㄧㄢˋ ㄌㄧㄢˋ ㄅㄨˋ ㄕㄜˇ

非常眷戀，捨不得離開。戀戀，眷戀；愛慕。捨，也作「舍」。放下；離開。近難捨難分。反一刀兩斷。〔史記・范雎蔡澤列傳：然公之所以得無死者，以綈袍戀戀，有故人之意，故釋公。〕〔宋・李之儀・代人與薛金陵小紙二：而往來賓客，無問細粗，莫不滿足，而戀戀不忍舍去。〕

24 心神不安的焦慮

神經質、焦慮症

　　焦慮 (anxiety) 是一種源自於心理內在衝突的情緒，以不安、憂慮或恐懼來表現，通常也伴隨著神經質（nervous／緊張）的行為，例如來回走動、腦筋不斷打轉、頻繁上廁所等等，焦慮狀態下身體容易出現各種與自律神經有關的不適，包括心跳加速、呼吸急促、臉紅、冒汗、頭痛、發麻、發抖等等。焦慮是所有人都必定感受過的情緒之一，而且是讓人不舒服也不喜歡的。比方說小孩子被大人要求和陌生的伯伯、阿姨打招呼；考試前十分鐘；被老師點名上臺說話等等，那種不安感便是焦慮。

　　廣泛的焦慮包括了人人日常會經歷到的擔心、不安、緊張、驚慌、害怕等等情緒，這些情緒也可能包含主觀、不理性、不自覺等因子。焦慮的來源可以是外在的刺激，像是面臨想像的或未知的「危險」，如在公司宣布要裁員後，每個員工都人心惶惶；焦慮的來源也可以是內在心理的壓抑感受或衝動，如許多人對於學習或工作的自我要求很高，做起事容易感到急躁。有些焦慮是天生的，是動物的本能反應，和「失去安全感」有關，如大部分的小孩若迷了路就會感到焦慮不安，而年紀更小的孩子只要父母不在身邊便會產生「分離焦慮」；有些焦慮是學習而來的，和過去經驗所造成的「制約」有關，如過去考試成績不好就被父母親責罵，今天考卷成績發下來結果不理想，孩子不免會開始擔心回家之後的事。

　　焦慮可能如前面所舉的例子是在特定情況下才產生的短暫情緒，

也可能是常態性的一種感受或者人格傾向，通常我們會用「神經質」(neurosis) 來描述後者的狀況，也就是整天緊張兮兮的！有些人的神經質是從小開始個性的一部分，通常會有習慣性感到緊張、凡事想很多、誇大任何事的失敗可能、缺乏對自我的信心的特徵，甚至自我貶低與自卑，因此在團體中在意他人眼光，渴望他人的接納與肯定，也因此習慣忍氣吞聲、避免衝突。

許多容易焦慮的人會很討厭自己的個性，希望自己神經能大條一點、不要想太多，但這裡要強調的是：「一種米養百種人」，人類因為包容各種不同性格而成就進步，容易焦慮的個性並非全然不好的，他們在工作上維護傳統、在意細節、追求完美、未雨綢繆、以和為貴，也是社會維持穩定的重要力量；而「不容易焦慮」的人反而做事粗線條、天塌下來都不怕，可能真的一不小心就讓天塌下來了！

因此，遇到該焦慮的事情而焦慮是正常的，適度的焦慮會讓人有更好的學習與工作表現。但是如果連不該焦慮的事也在焦慮，或者事情已經過去很久了焦慮卻遲遲擺脫不掉，那就不對勁了！在醫學上有一個類別的疾病統稱為「焦慮症」(anxiety disorder)，包括廣泛性焦慮症、恐慌症、社交焦慮症（或稱社交畏懼症）、特定畏懼症及特定場所畏懼症等，書內都有介紹，你可進一步參看這些篇章。

≫ 延伸連結

編號 30｜千斤重擔的壓力

編號 44｜遁世匿跡的社會孤立

搭配成語

①五內如焚

形容內心非常焦慮。五內，五臟。指內心。近憂心忡忡。反處之泰然。〔漢・蔡琰・悲憤詩二首（其一）：見此崩五內，恍惚生狂癡。〕〔清・李汝珍・鏡花緣・第五十七回：蹉跎日久，良策毫無……每念主上，不覺五內如焚。〕

②茶飯不思

沒有心思喝茶吃飯。形容情緒低落、焦慮或精神不佳而不吃東西。近寢食難安。反開懷暢飲。〔清・東隅逸士・飛龍全傳・第三十二回：到了次日，心中憂惑頻添，煩悶轉盛，茶飯不思，臥病不起。〕

③坐立不安

坐也不安，站也不安。形容心神不安，不知如何是好。也作「坐立難安」。近心神不寧。反泰然自若。〔周書・姚僧垣傳：大將軍、襄樂公賀蘭隆先有氣疾，加以水腫，喘息奔急，坐臥不安。〕〔水滸傳・第三十回：今日天使李俊在家坐立不安，棹船出來江裡趕些私鹽，不想又遇著哥哥在此受難。〕

④坐不安席

無法安心地坐在座位上。形容心緒不寧，焦躁難安。席，坐席。近食

不甘味。⓪高枕而臥。〔三國志・蜀書・張飛傳：朕用恒然，坐不安席，食不甘味，整軍誥誓，將行天罰。〕

⑤忐忑不安

形容心神不寧。忐忑，音ㄊㄢˇ ㄊㄜˋ。心神不定。⓪侷促不安。⓪氣定神閒。〔清・曾樸・孽海花・第三十回：天已漸漸的黑了，彩雲心裏有些忐忑不安，恐怕回去得晚，雯青又要嚕嗦。〕

⑥惴惴不安

形容因擔心害怕而恐懼不安。惴惴，音ㄓㄨㄟˋ ㄓㄨㄟˋ。恐懼的樣子。⓪侷促不安。⓪泰然自若。〔詩經・秦風・黃鳥：臨其穴，惴惴其慄。〕〔清・褚人穫・隋唐演義・第七十二回：中宗在均州聞之，心中惴惴不安，仰天而祝。〕

25 杞人憂天的 廣泛性焦慮症

慮病

　　廣泛性焦慮症 (generalized anxiety disorder) 在醫學上屬於 「焦慮症」的一種。所有的人都會有焦慮情緒的經驗，但在正常的狀態下，焦慮僅出現在特定事件發生或身處特定場景下才會出現；但患有「廣泛性焦慮症」的人卻是常態性的處於焦慮的狀態，對於許多大大小小的事都會出現過度且持續的焦慮與擔憂，而且這樣的焦慮是廣泛且不可控制的，對於日常生活造成相當程度的障礙。舉凡家人、家事、工作、錢財、人際等等，各式各樣的小事都可能是他們感到緊張擔心的對象。典型的表現是經常擔心自己或親人生病或發生意外，例如小孩稍微晚一點回家便開始擔心小孩會不會在放學路上被車撞了、或是被壞人抓走了——雖然這樣的可能性並非為零，但畢竟機率是小的，一般不該直接聯想到最嚴重的後果，廣泛性焦慮症患者則習慣擔憂不好的、甚至最不好的事發生。臺語有個詞叫「厚（猴）操煩」，就是形容這樣太多、太超過的焦慮。

　　你有聽過網路上的名句「有一種冷叫媽媽覺得你冷」嗎？許多母親總會擔心每一件和孩子有關的事，愛嘮叨、很急躁，難道這些母親都是廣泛性焦慮症的病人嗎？當然不是！廣泛性焦慮症的核心症狀的確如前所述，對許多事有過度的焦慮與擔憂，但時間必需要長達半年以上，而且感到焦慮的日子占大多數。此外，他們也具備了幾種特徵：容易緊張或急性子、經常坐立不安、心情不定、容易生氣、容易疲勞、

注意力難集中或容易恍神、肌肉緊繃、失眠等。

　　此外，還有一些人們在緊張或害怕時會感受到的生理變化，在廣泛性焦慮症的病人身上會較為嚴重，且經常性的出現，例如呼吸急促、心悸、冒汗、頭暈、頭痛、耳鳴、腸胃不適、腹瀉、頻尿等等。研究也發現，廣泛性焦慮症的病人同時患有特定疾病的機率也較一般的人高，例如慢性疼痛、氣喘、慢性阻塞性肺病、胃食道逆流、胃潰瘍、高血壓等等，嚴重的廣泛性焦慮症病人也容易合併有憂鬱症。前面有提到，廣泛性焦慮症很常見的症狀就是擔心自己與家人的健康狀況，因此當他們出現上述這些生理上的不舒服或疾病時，容易伴隨「慮病」（hypochondriacal，擔心自己必定得了某種嚴重的疾病），便會加倍的擔憂與焦慮，於是：焦慮引發身體不適、身體不適引發更大的焦慮，很容易就像滾雪球一樣愈滾愈焦慮！

　　不知道大家是否有「媽媽比爸爸嘮叨」、「奶奶比爺爺厚操煩」的普遍印象呢？不論國內外的統計，廣泛性焦慮症在女性的發生率是男性的二倍；而即使是沒有達到這個疾病的診斷標準、僅有部分的焦慮症狀，也是女性多於男性，在不同文化背景下都有相同的發現，這其實是和基因有關的，從好的角度來看，基因也給予了女性較為感性、心思較細膩、較能體貼照顧他人的特質。不過得澄清一點，輕度的焦慮或者廣泛性焦慮症也會發生在男性身上的，如果自己或家人因為容易焦慮而影響了學業、工作、人際關係，記得可以尋求醫療的協助喔！

☆ 延伸連結

編號 19｜悶悶不樂的憂鬱

編號 22｜不寒而慄的恐懼

編號 24｜心神不安的焦慮

搭配成語

①戒慎恐懼

小心謹慎、緊張擔憂。近戰戰兢兢；臨淵履薄。反掉以輕心；漫不經心。〔中庸：是故君子戒慎乎其所不睹，恐懼乎其所不聞。〕〔明・呂坤・呻吟語・問學：正門工夫戒慎恐懼；旁門工夫曠大逍遙。〕

②杞人憂天

杞國有個人擔心天會塌下來。比喻毫無根據或不必要的憂慮。杞，音ㄑㄧˇ。周時的諸侯國，在今河南杞縣一帶。近自尋煩惱；庸人自擾。反不憂不懼；無憂無慮。〔列子・天瑞：杞國有人憂天地崩墜，身亡（無）所寄，廢寢食者。〕〔唐・儲光義・奉別長史庾公太守徐公應召：烈風起江漢，白浪忽如山。方伯驟勤王，杞人亦憂天。〕

③擔驚受怕

擔心害怕，飽受驚恐。近提心吊膽。反泰然自若。〔元・無名氏・玎玎璫璫盆兒鬼・第三折：俺出門紅日乍平西，歸時猶未夕陽低，怎教俺擔驚受怕著昏迷。〕

④草木皆兵

因驚嚇而將草木看成兵士。比喻人極度驚恐時發生多疑的錯覺，稍有動靜，就非常緊張。近風聲鶴唳。反神色自若。〔晉書・符堅載記下：堅與符融登城而望王師，見部陣整齊，將士精銳；又北望八公山上草木，

皆類人形，顧謂融曰：「此亦勍敵也，何謂少乎！」憮然有懼色。〕

⑤**胡思亂想**

指不切實際地瞎想。㊐異想天開。〔宋・朱熹・朱子語類・卷一一四：詩上說思無邪，自家口讀思無邪，心裡卻胡思亂想，這不是讀書。〕

⑥**寢食難安**

睡覺、吃飯都不得安寧。形容內心憂慮、煩亂。㊐心神不寧。㊐心安理得。〔戰國策・齊策五：秦王恐之，寢不安席，食不甘味。〕〔水滸傳・第二十四回：教嫂嫂生受，武松寢食不安。〕

26　大起大落的狂躁

躁鬱症、躁期

　　「狂躁」(mania) 是一種以過度高漲，及起伏不定的情緒為主要表現的精神狀態，並且伴隨亢奮的體力與心智運作。偶爾我們可能會發現某個朋友這天感覺特別的 high，也許是因為有好事發生讓他心情大好，但如果明明沒什麼值得高興的事卻讓他異常的 high 呢？或許就得留意他是否正處於「狂躁」的精神狀態了。不過狂躁在醫學上有特別的定義，如果完全符合則是生病的狀態了。

　　在醫學上，狂躁與憂鬱經常被視為情緒的兩個極端，「躁鬱症」即是一種和狂躁與憂鬱狀態交替轉變有關的疾病。然而狂躁的表現並非只有「特別的 high」，亦不全然為憂鬱的反面，狂躁狀態下的情緒可能是高昂的、愉悅的、開闊的、易怒的或起伏不穩定的，下面一一說明狂躁的各種情緒：

一、高昂的情緒 (elevated)：持續有莫名的自信感、自我感覺超級好、感覺自己處於完美的心情狀態。

二、愉悅的情緒 (euphoric)：超乎常理的愉快，明明沒什麼特別值得開心的事仍感到無比快樂。

三、開闊的情緒 (expansive)：指的是「包山包海、愛管閒事、你家的事就是我家的事」，變得比平常熱心、好社交、積極助人，但也容易仗義直言、見義勇為、插手管不該管的事。在正常的人際互動中，我們和他人之間會因關係親疏遠近而保持不同的人際距

離，而「開闊」的意思便是人際距離的界線變「更寬廣」，普通朋友視為好朋友、陌生人也視為普通朋友。

四、易怒的情緒 (irritable)：狂躁經常被簡稱為單一個「躁」字，因此也常被誤認為「煩躁」，在醫學上其實是不同的，「煩躁」接近「易怒」的意思，變得不耐煩、很容易因為一點小事或一句話就被惹惱。狂躁時人容易煩躁易怒，但在憂鬱時也容易煩躁易怒。

五、起伏不穩定的情緒 (labile)：指的是人的情緒變化很大，前一分鐘才笑得很開心、下一分鐘卻很暴躁或很低落，情緒就像坐雲霄飛車一樣大起大落。

在狂躁的狀態下，除了會有上述幾種可能的情緒表現以外，還可能會有其他與驅力、動機、認知有關的「症狀」，例如：

一、睡眠的需求降低，即使睡很少仍精力旺盛，感覺永遠不會累。

二、誇大、自我膨脹，不斷向人誇讚自己的過人之處（但大多與現實不符）。

三、思想跳躍、腦筋轉得飛快、對話常跳題、話量變多且滔滔不絕難以打斷、容易分心。

四、異常活躍，增加很多有目的性的活動，也容易不顧後果的從事可能帶來痛苦的活動，例如穿著打扮異常性感、四處結緣交朋友、花大錢購買過量或奢侈的物品、不計代價的投資、危險的行為（例如飆車、酒精或藥物濫用、危險的性行為等）。

不曉得讀者你是否聽過「躁鬱症」(bipolar disorder) 呢？讀者們一

般對於「憂鬱症」較容易理解，憂鬱症患者的情緒是持續一段時間的憂鬱；而躁鬱症患者的情緒則是在「狂躁」與「憂鬱」中變動：某一段時期憂鬱、某一段時期狂躁，這樣的情緒變化落差極大，容易讓人有「從天堂掉到地獄」的感覺，因此躁鬱症患者在憂鬱時期經常比單純憂鬱症的患者情緒更低落，更容易出現尋短的念頭。人處於狂躁狀態的這段時間，醫學上稱為「躁期」(manic episode)，常有可能出現不理性的判斷，加上前面所述的症狀容易導致暴力或其他衝動行為，例如傷害他人或傷害自己。藝術家梵谷 (Vincent van Gogh) 是一位躁鬱症

患者，他在三十七歲的頂峰時期卻因受躁鬱症之苦而英年早逝。因此當人有狂躁的表現務必要儘快請求醫療的協助，因為只要有狂躁表現就可能符合醫學上的「躁鬱症」診斷標準，接受治療才有機會讓情緒儘快穩定下來，以免發生令人惋惜的事喔！

≫ 延伸連結

編號 19 ｜ 悶悶不樂的憂鬱

搭配成語 ➚

①心浮氣躁

心緒浮動，脾氣暴躁。形容情緒很不穩定。⑰氣定神閒；心平氣和。

②狂妄自大

形容極端自高自大。狂妄，放肆妄為。自大，自以為非常了不起。㊄妄自尊大；夜郎自大。⑰虛懷若谷；謙沖自牧。〔清・李雨堂・萬花樓演義・第五十三回：內侍暗想：萬歲爺都宣他不動，太覺狂妄自大了。〕

③暴戾恣睢

凶狠殘暴，任意妄為。恣睢，音ㄗ ㄙㄨㄟ。狂妄橫暴的樣子。恣，放縱。睢，怒視。㊄肆無忌憚。⑰循規蹈矩。〔史記・伯夷列傳：盜蹠日殺不辜，肝人之肉，暴戾恣睢。〕

④無明業火

佛教指人由於「痴」或「愚昧」、不了解正理而引起的諸多煩惱。後也指怒氣、怒火。㊄怒火中燒；火冒三丈。〔金・馬鈺・滿庭芳・贈趙雷二先生：休起無明業火，更休思、名利相干。〕〔水滸傳・第三回：鄭屠大怒……那一把無明業火焰騰騰的按納不住。〕

27 避之唯恐不及的厭惡

厭惡、討厭、極度不喜歡

    「厭惡」(disgust) 是當人面對讓他感覺不舒服或反感的事物所產生的嫌惡情緒，它和愉快、驚訝、恐懼、悲傷、憤怒，同為人類的六種基本情緒。「厭惡」和「恐懼」一樣，在人類演化史上扮演重要的保護作用，不同的是恐懼讓人逃離危險的敵人或環境，而厭惡則是讓人免於食物中毒、免於感染疾病。不過厭惡和恐懼在很多情況下是同時存在的。

    厭惡的英文是 "disgust"，將這個單字拆開來看，"gust" 是「味道」的意思，而字首 "dis" 則有「否定、偏離」的含意。如此可以清楚知道「厭惡」最基本的運用，便是在飲食上面。當人喝到臭酸的牛奶、很苦的草藥，或者其他味道不對勁的食物時，第一個反應就是噁心感，甚至直接將口中的食物吐出來——這是「厭惡」的基本功能：預防人將可能危害健康的食物吞到肚子裡。研究也顯示，厭惡感主要來自於味覺感官的刺激或想像（光用想的就覺得討厭、噁心），其次是嗅覺、觸覺及視覺。而最容易讓人類感到厭惡的前幾名，依次是：來自身體的產物（如糞便、尿液、口水、汗水、嘔吐物等）、腐敗的食物、感覺骯髒的生物（如老鼠、蟑螂、蒼蠅、霉菌等）、不衛生的環境與生活用品（髒亂雜物、未洗淨的碗盤衣物等），這些容易讓人厭惡的東西基本上也都具有潛在的讓人生病的危險，而厭惡感讓人遠離這些危險。

    厭惡在日常生活中就是「討厭」(hate) 或「極度不喜歡」

(extremely dislike) 的感覺，討厭也並非只發生在上面這些東西上，人可能討厭某件事情或某個人。而當人討厭某個人事物的時候，最極端的反應便是覺得噁心、作嘔，這樣的表現再次印證了厭惡讓人本能的保護自己、遠離危險。研究發現，對於他人會產生厭惡，大多是因為對方的行為表現與自己道德價值觀相抵觸，例如對方有欺騙、貪婪、暴力、卑鄙、違反倫常等等的行為時，便容易讓人感到厭惡。厭惡他們的理由和臭酸牛奶是類似的，避免自己太過接近對方，讓自己會因此而生病（受傷害），也避免自己變得跟對方一樣，像是被傳染了「不道德的病」。

也許有人會問：「我討厭某個人，但他並沒有做什麼不道德的事啊！」的確，在日常生活上我們可能會討厭某個人，或某些事物，以理性來判斷他們似乎沒有不道德、也不會讓我們「生病」，但以心理學的角度來看卻不一定是這樣子的。比如，A女討厭公司裡的幾位同事，但他們其實也沒做什麼壞事──她討厭課長，因為課長整天破口大罵，經常讓她的心靈受到傷害；她討厭某個女同事，是因為女同事總是穿著火辣、講話嗲聲嗲氣的，在她的潛意識裡認為女性不端莊便是不道德；她還討厭一個對她死纏爛打、追求她的男同事，她討厭是因為他總是穿著邋遢，有可能會發出異味，而且他一直黏在身邊，會引發外界不好的觀感，被人閒言閒語──厭惡感的產生必定是有原因的！

可能有讀者好奇，為何上面舉的是女性的例子呢？研究證實，通常女性比男性容易感到厭惡，不論對象是什麼人事物。其實就演化的角度來看這一點都不讓人感到意外，因為女性負有生育下一代的使命，當然對於食物安全的標準要高，以避免吃了腐敗的食物讓腹中胎兒或準備懷孕的自己生病。而男性呢？以生物演化觀點，是為了保護女性

而生的,因此看到奇怪的食物要第一個試吃看看、遇到噁心的生物(例如蟑螂)要第一個跳出來打死牠。但是不瞞你說,這裡談的畢竟是普遍的性別差異,筆者自己還是有不少看到蟑螂躲得比老婆還遠的男性友人就是了……。

≫ 延伸連結

編號 13｜喜怒哀樂的情緒與心情
編號 22｜不寒而慄的恐懼

搭配成語

①深惡痛絕

形容厭惡痛恨到了極點。惡,音ㄨˋ。厭惡。近恨之入骨。〔清·金聖歎·批西廂記·第三本·第四折:不言誰送來與先生者,深惡而痛絕之至也。〕

②羞與噲伍

指不屑與某人同列。表示對某人極端的鄙視和厭惡。羞,不屑。噲,音ㄎㄨㄞˋ。指漢朝的樊噲。伍,同列。也作「羞與為伍」。近令人不齒。語出《史記·淮陰侯列傳》:「信嘗過樊將軍噲,噲跪拜送迎,言稱臣,曰:『大王乃肯臨臣!』信出門,笑曰:『生乃與噲等為伍!』」意思是韓信鄙視樊噲,不屑與他同為列侯。

③面目可憎

行為表現邪惡不善,令人厭惡。面目,面貌表情,指整體的行為表現。

憎，音ㄗㄥ。厭惡。近面目猙獰。反慈眉善目。〔唐・韓愈・送窮文：
凡所以使吾面目可憎，語言無味者，皆子之志也。〕

④憤世嫉俗

對腐敗的社會現狀及庸俗世態氣憤不滿。憤、嫉，都有憎恨、痛恨之
意。近痛心疾首。反同流合汙。〔唐・韓愈・雜說四首（其三）：將憤
世嫉邪，長往而不來者之所為乎？〕〔元・趙孟頫・書吳幼清送李文卿
歸養序後：嗟乎！吳公之憤世嫉俗，可為萬世戒。〕

⑤不共戴天

不和仇敵同在蒼天之下生活。形容仇恨極深，不能共存。戴，頂著。
近誓不兩立。反化敵為友。〔禮記・曲禮上：父之讎，弗與共戴天。〕

⑥避之唯恐不及

躲開它只怕來不及。形容人事物令人討厭或害怕。唯恐，只怕。唯，
也作「惟」。〔清・鄒弢・海上塵天影・第三十五回：姑娘若真個三頭
六臂，人家就避之惟恐不及了。〕

28 我偏不依的心理抗拒

抗拒論、迴旋鏢效應、逆火效應

心理抗拒 (psychological reactance) 是指人對於選擇行為時受到限制所產生的反抗心理，特別在人的選擇自由被剝奪、被威脅，或被施於壓力時所產生「我偏偏不選擇你要我做的選擇」的心態。

在日常生活，心理抗拒常會發生在「想要自由卻不得自由」的場景當中。依據抗拒論 (reactance theory) 有兩種常見狀況：

一、人在能做選擇的情境中，個人原本想做的選擇因他人限制而不能如願時，對於該選擇的動機與欲望會變得更加強烈。例如在愛情的世界裡，像羅密歐與茱麗葉的故事經常發生，父母親愈是反對兩個人交往，兩個人決定攜手共伴的信念反而愈加強烈。

二、處於壓力下被強制要接受某一選擇時，即使原本個人並不討厭該選擇，也會因此而刻意選擇其他項。例如叛逆期的孩子有紅色和綠色兩件外套可以穿，母親認為紅色的好看、直接拿紅色的給他穿，他反而故意吵著要穿綠色的那件。

以上這些例子，都是因為人的自由受到限制時，出現類似「為反對而反對」的心態。

在了解心理抗拒之後，我們就可以進一步來看心理學上的「迴旋鏢效應」(boomerang effect)：為了說服人做某種決定，結果反而讓對

方刻意做出相反的決定——就像是一支迴旋鏢一樣，你想往前丟遠，結果卻轉回來飛向自己，出現了反效果。

　　而應用到政治領域時，有個有趣的現象叫「逆火效應」(backfire effect)，描述當某人對於某件事已經抱持著特定的立場時，愈是提供他對立、相反的訊息，愈是會加深他對原本立場的堅持（這樣的狀況也和「初始效應」有關，可另行參閱）。臺灣政治也經常可以觀察到：當民眾對於某項政策有偏頗的認知時，政府越是努力宣導、嘗試釐清誤解，卻常常越解釋越糟糕，反而讓民眾更加堅信自己原本所認知的。即使原本的才是錯誤的，但大多數人會懷疑這些後續的「動作」是政府在粉飾太平——謠言的可怕之處，在於用十句實話也很難澄清！

≫ 延伸連結

編號 71｜事半功倍的初始效應

搭配成語 ↗

①適得其反

事情的發展或結果正好和原先的期望相反。近欲益反損。〔三國・魏・嵇康・釋難宅無吉凶攝生論：時名雖同，其用適反。〕〔清史稿・嚴樹森傳：恃才器小，效胡林翼而適得其反者也。〕

②事與願違

事情的發展與願望相違背。近天不從人願；人算不如天算。反如願以償；心想事成。〔三國・魏・嵇康・幽憤詩：嗟我憤歎，曾莫能儔，事與願違，遘茲淹留。〕

29　目睭口呆的驚訝

驚訝、驚嚇反應、驚嚇反射

　　「驚訝」(surprise) 是六種人類基本情緒之一，是當動物或人遇到非預期的、意料之外的事件與刺激時，會出現的短暫的情緒狀態，並且伴隨有「驚嚇反應」(startle response)。在動物界，「驚訝」總是讓動物備感威脅，但在人類世界，「驚訝」卻被拿來給人驚喜，或者惡作劇。

　　人受到驚嚇時會立即出現心理上和生理上的反應，生理上的變化稱為「驚嚇反射」(startle reflex)，是動物在遇到突來的威脅時自然產生的、無意識的反射動作，目的是為了保護自己免於傷害，就像腳踩到釘子時，不用經過大腦身體便會自然做出縮腳的反射動作一樣。當人受到驚嚇時（例如突來的巨響、在街角突然有人撞上來），身體可能出現的驚嚇反射包括：肌肉緊繃以防禦可能的撞擊（聳肩、手腳僵直）、停止眨眼以便清楚看到危險（張大眼睛）、快速吸口氣以防可能的溺水（發出驚呼聲）──這些最初在演化上是人類為了保護自己的反射動作，但現在即使是突來的驚喜，如男朋友掏出求婚戒指、生日當天意外得到眾人祝福等等，同樣也會出現這些驚嚇反射。

在心理上，驚訝的人在短期內會陷入不安，或是不知道該如何反應的焦慮狀態，而強烈突來的焦慮也常會讓人腦子一片空白，不過通常是極為短暫的。你或許也曾發現，有些人在驚嚇時會驚呼一聲，接著可能會喊出特定的口頭禪，例如「我的天哪！」、"Oh! My God!" 或者三字經發語詞等等，那是潛意識與前意識為了很快發洩掉突然高漲的不安與焦慮所做的反應。

從心理層面來看，驚訝來自於現實發生與心理預期之間的差距，這差距愈大，驚訝的程度也愈大。例如，在日復一日很習慣的上下班途中，有隻從來沒出現的大狗突然跳出來對你狂吠，第一次被狗嚇到的反應最為強烈，一旦你已預期經過那戶人家門口就可能有狗對你吼叫，下一次的驚嚇就不會這麼強烈了。再舉個例子，當你第一次看到原本文靜的女同事在喝醉酒後發酒瘋，你肯定感到驚訝，但和她喝過幾次酒、看過幾次她喝醉的樣子之後，你就沒感覺了。看到這邊你或許會問：「這是因為習慣了自然就比較不會被嚇到吧？」你想的沒錯，習慣了就等於「可以預期的」，心理預期和現實發生的差距便沒這麼大。

我們也可以從「學習」的角度來看它，很多事物只要熟悉了，便不容易因為它而驚嚇，因此有心理學家認為人類或動物從出生開始便在各種驚訝中學習、成長。軍隊裡菜鳥新兵初上戰場，肯定時不時被飛來的子彈和爆炸聲驚嚇到，但身經百戰的士官長、老兵們早就習以為常了。再以那發酒瘋的女同事為例，自從認識她之後，將來你再遇到其他同樣原本文靜、喝酒就變了一個人的女孩子，你肯定老神在在！──這就是學習、就是成長、就是人生的歷練啊！驚嚇少了是好事，但如果連驚喜也變少了，那人生是不是還真有點無趣呢？

搭配成語

①大吃一驚

形容非常吃驚。指事情突然發生，毫無心理準備。近張口結舌。反面不改色。〔明・馮夢龍・警世通言・卷二八：不張萬事皆休，則一張那員外大吃一驚，回身便走，來到後邊，望後倒了。〕

②大驚失色

形容過於驚嚇而臉色蒼白。近面如土色。反處變不驚。〔三國演義・第二十四回：忽見曹操帶劍入宮，面有怒容，帝大驚失色。〕

③相顧失色

相互對看，臉色驚慌。形容受到驚嚇而彼此露出驚恐之狀。近面面相覷。反泰然自若。〔舊五代史・周書・段希堯傳：及乘舟汎海，風濤暴起，檝師僕從皆相顧失色。〕

④花容失色

比喻女子受到驚嚇而臉色蒼白。近大驚失色。反神色自若。〔清・張春帆・九尾龜・第二十六回：金小寶出其不意，大吃一驚……已經嚇得花容失色，嬌喘微微。〕

⑤晴天霹靂

晴朗天空忽然打起疾雷。比喻突然發生的令人震驚的事。霹靂，音ㄆㄧㄌㄧˋ。巨大的響雷。也作「青天霹靂」。近平地一聲雷。〔宋・陸游・

四日夜雞未鳴起作：正如久蟄龍，青天飛霹靂。〕〔清·曾樸·孽海花·第十七回：猝聞這信，真是晴天霹靂，人人裂目，個個椎心。〕

⑥瞠目結舌

眼睛張大，舌頭打結。形容因驚訝或窘迫而說不出話的樣子。瞠，音ㄔㄥ。張大眼睛直視。近張口結舌。〔漢書·李尋傳：智者結舌。〕〔明·袁宏道·四鈍僕記：失手墮瓶，竟不得一口，瞠目而出。〕〔清·霽園主人·夜譚隨錄·卷四：用手捫結，則腰纏盡失……瞠目結舌，手足無所措。〕

⑦目瞪口呆

兩眼瞪著不動，口裡說不出話來。形容驚恐或受窘的樣子。近瞠目結舌。〔水滸傳·第十八回：林沖把桌子只一腳踢在一邊……嚇得小嘍囉們目瞪口呆。〕

⑧驚魂未定

受到驚嚇而心魂尚未平靜下來。近魂不附體。反驚魂甫定。〔宋·蘇軾·謝量移汝州表：隻影自憐，命寄江湖之上；驚魂未定，夢游縲紲之中。〕

30　千斤重擔的壓力

戰鬥或逃跑反應、自律神經系統、葉杜二氏法則

　　壓力 (stress) 是指讓人在生理或心理上感受到壓迫感的一種狀態，它會讓人在情緒上產生緊張感，輕的讓人覺得亢奮，重時則讓人覺得焦慮、不安、甚至痛苦。動物也會感受到壓力，壓力通常也是讓動物提升警覺性的因素，例如周遭有天敵現身，或者有同種動物接近搶奪地盤或瓜分食源時，壓力就產生了。

　　當壓力出現時，不論是動物或人，身體都會立即做出「戰鬥或逃跑反應」(fight-or-flight response)，也就是正面迎向壓力源，或者轉身逃離壓力源。當動物遇見天敵，二選一：戰鬥或逃跑；當人類遇到了很繁重的任務時，二選一：捲起袖子解決（戰鬥）或置之不理、丟給別人（逃跑）。

　　相較於動物而言，科學家普遍認為人類所面對的壓力較多，雖然有許多環境與生存因素相關的壓力與動物雷同，例如凶猛的野獸、惡劣氣候、覓尋食物、追求伴侶、餵養子女等等，但人因為擁有較高等的認知心智功能與複雜的社交人際互動，因此也多了「自己給自己的

壓力」，例如追求好的學業成績、追求好的工作表現與晉升機會；還有徹夜排隊買演唱會門票、守在電腦前面搶買年節的火車票等等，這些以動物觀點來看「無關緊要」的壓力，是因為人類比其他動物多出了許多高層次的「需求」，也多了其他動物所沒有的「驅力」。

當面臨壓力時，動物或人的身體都會自動出現許多生理反應，例如瞳孔放大、心跳加速、呼吸急促、肌肉張力緊繃等等，這些反應結合了大腦、自律神經系統及內分泌系統等綜合的影響，是為了把身體調整到適合戰鬥或逃跑的狀態。雖然這些生理反應是自然的，但反應過度強烈時的確會給人帶來麻煩，例如有些人一站到臺上就心臟怦怦跳、全身發抖。

自律神經系統 (autonomic nervous system, ANS) 遍布全身，從我們還在媽媽肚子裡面開始，自律神經系統就默默地支撐人的身體運行，讓身體各個器官能 24 小時全年無休的正常工作。自律神經包含交感神經與副交感神經，兩者就像汽車的油門與煞車，彼此協調運行讓身體隨時產生適當的反應來面對各種外在刺激。除了前面所提的遇到天敵時要準備戰鬥或逃跑的生理反應外，例如吃下食物時要活化腸胃的蠕動以幫助消化；天冷時讓皮膚的毛細孔縮小、微血管收縮以減少散熱；準備要獵殺動物時讓心跳加速、血壓升高讓肌肉充分獲得氧氣以應變接下來的突發狀況等等，也是自律神經的常態任務，而這些外在需要因應的事件，其實也都是壓力。

很多人可能認為壓力是不好的，會讓人不自在不舒服，但是壓力確實也具有讓人追求進步的正面影響。對於孩子而言，適度的壓力會增進學習的效率。而「葉杜二氏法則」(Yerkes-Dodson law) 也說明了壓力與個人表現好壞的關聯性。

參照葉杜二氏法則的曲線圖可以知道（見附圖）：人的表現會因為受到壓力程度大小而有所不同，在一般的工作上，壓力太少會讓人懶洋洋的，壓力太大又會讓人疲憊，壓力適中則讓人有最好的表現。然而當工作難度有所不同時，曲線會移動：對於簡單的工作而言，更大的壓力會讓人表現得更好；但是對於困難的工作而言，少一點的壓力反而讓人有最佳表現，在〈安然處之的舒適圈〉篇中也談到類似的現象。

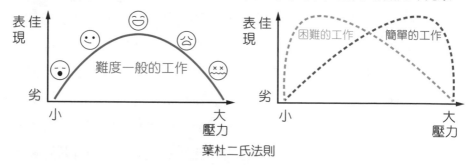

葉杜二氏法則

我們從小讀過許多勵志故事，幾乎都是在描述人在克服壓力後的淬鍊過程，壓力經常是通往成功的轉捩點。

因此，不論是長官面對下屬、老師面對學生，或者父母面對孩子，在指導、教育的同時也必須思考，釋出多少程度的壓力可以讓對方得到最佳的表現，一味強硬的逼迫可能反而揠苗助長、適得其反了！

≫ 延伸連結

搭配成語

①泰山壓頂

泰山壓在頭上。比喻壓力強大或情勢危急。近岌岌可危。〔宋・袁甫・跋慈湖先生廣居賦：疾雷破柱，色不為動；泰山壓前，目不為瞬。〕〔清・文康・兒女英雄傳・第六回：一個棍起處似泰山壓頂，打下來舉手無情。〕

②戒慎恐懼

小心謹慎、緊張擔憂。近臨淵履薄。反掉以輕心。〔中庸：是故君子戒慎乎其所不睹，恐懼乎其所不聞。〕〔明・呂坤・呻吟語・問學：正門工夫戒慎恐懼；旁門工夫曠大逍遙。〕

③如臨深淵，如履薄冰

如同面臨深淵或踩在薄冰之上般不敢大意。比喻戒慎恐懼、小心謹慎的樣子。也省作「臨深履薄」、「臨淵履薄」或「如履薄冰」。近兢兢業業。反漫不經心。〔詩經・小雅・小旻：戰戰兢兢，如臨深淵，如履薄冰。〕〔後漢書・楊終傳：豈可不臨深履薄，以為至戒！〕

④急中生智

在緊急狀況下猛然想出了應付的方法。近情急智生。反束手無策；無計可施。〔清・石玉崑・三俠五義・第二十三回：忽見猛虎啣一小孩，也是急中生智，將手中板斧照定虎頭拋擊下去，正打在虎背之上。〕

31 備受煎熬的 創傷後壓力症

回憶重現、解離性失憶

創傷後壓力症 (posttraumatic stress disorder, PTSD)，過去也稱「創傷後壓力症候群」，是指人在暴露於重大的創傷事件後承受壓力，身心產生非常態變化所出現的精神疾病。這裡所說的重大創傷事件，指的是可能嚴重到威脅生命安全的經驗，例如戰爭、天災、交通事故、暴力脅迫、傷害威脅等；或是重大的心理傷害，例如性侵害、家庭暴力、兒童虐待等。不論是真正親身經歷，或親眼目睹，甚至只是耳聞這樣的創傷事件發生在親朋好友的身上，都可能出現創傷後壓力症。

創傷後壓力症的患者會出現許多症狀，包括：

一、可怕的經驗歷歷在目，不斷回想起或夢到創傷事件當下情境，使得回憶重現 (flashback)，並且出現有如身歷其境一般的身體及心理反應，如驚嚇、害怕、緊張、心悸、全身發抖等。

二、逃避和創傷事件相關的刺激，例如不敢靠近事件發生的地點、拒絕或迴避談論相關的話題，甚至可能出現解離性失憶 (dissociative amnesia)，完全不記得創傷事件全部或其中的重要細節。

三、對於周遭環境的警覺與反應變得強烈、敏感，很容易因為一點壓力或突來的聲音而受到驚嚇，難以維持工作或念書的專注力，常常也會伴隨失眠的困擾。

四、認知及情緒上的負面改變，如憂鬱心情、暴躁易怒、誇大的

自我貶低、與他人疏離、參與原本興趣的意願明顯降低。

曾經參與戰爭的退伍軍人屬於創傷後壓力症的高危險群之一，不論是自己差點因傷而死亡，在槍林彈雨中面臨死亡的威脅，或親眼目睹同袍在戰場中傷亡，都可能在離開戰場之後持續出現上述症狀，有些患者的部分殘遺症狀也可能長達一輩子都揮之不去。

在臺灣，近年來許多天災人禍的發生也都造成了不少受害者的創傷後壓力症。以 1999 年發生的九二一大地震為例，許多受難倖存者、受難者的家屬、參與援救的軍人與醫護人員，包括目擊災難現場的記者，有些人在這之後只要遇到輕微的地震搖晃便會出現比一般人更強烈的緊張與焦慮，這也是創傷後壓力症的症狀之一。

搭配成語

①劫後餘生

經歷大災難之後倖存的生命。劫，佛家謂成、住、壞、空為劫。壞劫之末有水、風、火三災。後世遂以災厄、災難為劫。近虎口餘生；死裡逃生。〔清・丘逢甲・寄懷許仙屏中丞四首（其三）：歸飛越鳥戀南枝，劫後餘生嘆數奇。〕

②心有餘悸

心中仍存有恐怖驚懼。近餘悸猶存；心驚膽戰。反處之泰然；泰然自若。〔後漢書・梁節王暢傳：肌慄心悸，自悔無所復及。〕

③一朝被蛇咬，十年怕草繩

比喻一旦受了挫折，以後遇到類似的事，都會心存疑懼。近驚弓之鳥。
〔明・凌濛初・初刻拍案驚奇・卷一：文若虛道：「一年吃蛇咬，三年怕草索。」〕

④驚弓之鳥

曾被箭射傷，一聽到弓聲就會害怕的鳥。比喻曾受驚嚇，略有動靜就害怕的人。近一朝被蛇咬，十年怕草繩。反鎮定自若；泰然自處。
〔晉・王鑒・勸帝征杜弢疏：黷武之眾易動，驚弓之鳥難安，鑒之所甚懼也。〕

⑤歷歷在目

一個一個清楚地在眼前。歷歷，一個一個很清楚的樣子。近班班可考。
〔宋・樓鑰・攻媿集・西漢會要序：開卷一閱，而二百餘年之事，歷歷在目。〕

32 持續進化的 創傷後成長

創傷後成長

度過創傷的難關之後，自身所產生的一種向上昇華的力量，個人因此發展出更好的適應能力與心理功能，其中所感受到的進步能量，甚至是「進化」，稱之為創傷後成長 (posttraumatic growth, PTG)。

這裡指的創傷有別於「創傷後壓力症」中所指的創傷，不一定是十分嚴重到可能威脅生命安全的重大創傷事件，而是指破壞了五種人類基本需求的傷害——五種基本需求是指安全 (security)、信任 (trust)、自我掌控 (control)、尊重 (respect) 以及親密感 (intimacy)。因為受到創傷，個體需要再次建立對這個環境或狀態的新的認知，由這新的認知中為自己帶來一系列的積極改變。促成成長的關鍵因素並非創傷本身，而是嘗試與創傷抗爭、抵受壓力的過程。

面對創傷經驗會有三個步驟來走出創傷：接受 (let be)、放下 (let go) 及沉澱 (let in)。

一、接受：接受既成的創傷事實，接受並省思自己在這創傷中所承受的悲傷或痛苦。

二、放下：放下負面的感受與想法，不讓自己持續困在創傷的泥淖當中。

三、沉澱：沉澱心情，將對於創傷的負面情緒轉化為正面的力量，幫助自己重新適應這個環境。

創傷後成長會有幾個主要的特性，我們亦可以將之視為成長所帶來的禮物：㈠自我的改變，㈡發展更有品質的人際關係，㈢人生哲學與價值觀的改變，㈣生活重心的調整，㈤靈性思考的提升。成長的初衷是能抵抗未來同樣的創傷，但往往會為個體帶來更多正面的影響。

創傷後成長是人類經驗中極為令人讚揚的感動之一，從熱血漫畫、武俠小說、偉人傳記、到英雄電影及紀錄片，我們常看到一個人（不論虛擬或真實）在經歷過重大的心理創傷後重新站起來，而且比過去更加強壯、堅強——鋼鐵人變得更堅固了、楊過學會更厲害的招式了、賽亞人也進化成超級賽亞人了！原本無法克服的難關似乎都在成長後順利解決了！

≫ 延伸連結

編號 31｜備受煎熬的創傷後壓力症

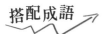 搭配成語

①絕處逢生

在絕望的困境中遇到了生機。近死裡逃生；起死回生。反走投無路；日暮途窮。〔元·關漢卿·錢大尹智勘緋衣夢·第四折：李慶安絕處幸逢生，獄神廟暗中彰顯報。〕

②起死回生

使將死的人再活起來。比喻使衰敗的事物再現生機。近妙手回春。反回天乏術。〔太平廣記·卷五九·太玄女引女仙傳：行三十六術甚效，起死回生，救人無數。〕

③柳暗花明

本為寫景詩句。後多用以比喻絕處逢生，忽現轉機。近峰迴路轉；絕處逢生。反山窮水盡；走投無路。〔宋·陸游·遊山西村：山重水複疑無路，柳暗花明又一村。〕

④東山再起

比喻退隱後又出來做官，或失敗後重新奮起。近捲土重來。反一蹶不振。〔《晉書·謝安傳》記載：東晉謝安年輕時官居佐著作郎，後來因病辭官，隱居在會稽的東山，朝廷屢次徵召出仕，他都不為所動。直到四十歲時，他才又入朝，擔任桓溫司馬，後又升為宰相。官位較隱居之前更加顯赫。於是「東山再起」便用來比喻在野之人重新出仕，或失敗之人重新振作而獲得成功。〕

⑤**痛定思痛**

原指悲痛的心情平靜之後，回想當時的痛苦。後多指經歷痛苦之後，深刻檢討造成痛苦的原因。有警惕之意。近深自反省；引以為戒。反一錯再錯；執迷不悟。〔唐·韓愈·與李翱書：今而思之，如痛定之人，思當痛之時，不知何能自處也。〕〔清·劉錦藻·清朝續文獻通考·王禮考：皆由朕用人不當，以致變出非常……痛定思痛，曷勝寅感。〕

⑥**愈挫愈勇**

越遭受挫折，越加堅強奮發。近屢敗屢戰；再接再厲。反一蹶不振；一敗塗地。

33 獨行其是的 ABC 理論

自動化思考、理情行為治療

　　ABC 理論 (ABC theory) 是指人所產生的情緒或行為後果 C (consequence)，並非受到誘發事件 A (activating event) 的直接影響，而是間接的透過個體對於事件的認知與信念 B (belief) 所引發的。

　　舉個例子來說（見附圖），甲乙兩生一起去參加國家考試，結果甲生和乙生雙雙落榜了。甲生落榜後心灰意冷，覺得以自己的成績來看這輩子是別想考上公務員的了，他的行為後果就是放棄了將來所有的考試機會、自暴自棄；反觀乙生，他落榜後仍對自己充滿信心，他相信只要自己再多些努力，將來總有考上的一天，於是他的行為後果便是再接再厲，繼續準備下次考試。同樣是落榜 (A)，因為兩個人對考試與落榜的信念不同 (B)，於是造成了不同的後續發展 (C)——這就是情緒 ABC 理論。

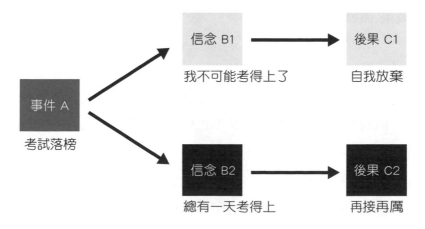

信念 B1：我不可能考得上了　　→　　後果 C1：自我放棄

事件 A：考試落榜

信念 B2：總有一天考得上　　→　　後果 C2：再接再厲

　　簡言之，當某事件 (A) 發生時，真正會影響到心情與行為 (C) 的，其實是信念 (B) 而非事件 (A) 本身。然而，不合理的將心情與行為直接歸咎在事件本身，卻是我們在日常生活中經常出現的自動化思考 (automatic thoughts)，就像是反射性的動作一樣，直覺的將事件 (A)、心情與行為 (C) 做了直接的連結，而不去面對真正的原因是自己不合理的信念 (B)。

　　常見的不合理信念包括：

一、過度要求：將自己的期待與願望視為必須發生，然而現實是人生許多事原本就非操之在己，不可能事事都依照己意朝預期的方向發展。例如：「我的兒子這麼乖，凡事一定都會聽媽媽的話。」

二、過度簡化：看事情的態度總是以偏概全，習慣將問題簡化成非黑即白的是非題，而忽略了灰色地帶的可能性。例如：「你竟然敢騙我！原來以前我相信你的全是假的！」

三、極度負面：相信一件事不好的開端終究會發展成極度嚴重的後果。例如：「糟了，我把文件弄丟了！老闆一定會炒我魷魚的！」

　　ABC 理論後來也成為「理情治療」的基礎之一，理情治療在二十世紀末改稱為「理情行為治療」。理情行為治療就是幫助個案找到造成不好情緒或行為背後真正的原因，也就是不合理的信念 (B)，你可參閱該篇介紹。

≫ 延伸連結

編號 34｜抽絲剝繭的理情行為治療

編號 68｜電光石火的自動化思考

搭配成語

①意氣用事

憑情緒、情感衝動做事。意氣，這裡指情緒。近感情用事。反三思而行；從長計議。〔清・吳敬梓・儒林外史・第四十六回：至今想來，究竟還是意氣用事。〕

②感情用事

指憑個人好惡或一時的感情衝動去處理事情。用事，行事；做事。近意氣用事；冒昧從事。反平心靜氣；心平氣和。

③以偏概全

以特殊的狀況或少數的例證來概括全部的情形。形容見解偏差，不夠周全。近窺豹一斑；瞎子摸象。

④獨行其是

不受他人影響，堅定依照自己的信念去做。也指不顧他人意見，一意孤行。近擇善固執；獨斷獨行。〔孟子・滕文公下：不得志，獨行其道。〕〔明・陸雲龍・遼海丹忠錄・第七回：若是一個持守得定，獨行其是的，卻又說他自矜愎諫，捉風捕影，誹謗著他。〕〔清・唐芸洲・

七劍十三俠‧第七十三回：人各有志，不能勉強而行，也只好隨他獨
行其是便了。〕

34 抽絲剝繭的理情行為治療

理情治療、ABC 理論

　　理情行為治療 (rational-emotive behavior therapy, REBT) 是一種結合認知及行為治療的心理治療技術，將焦點放在解決個案不合理信念所導致的情緒和行為問題。理情行為治療是由「ABC 理論」(ABC theory) 所發展出來的，一開始稱為「理情治療」(理性－情緒治療法，rational-emotive therapy)，在二十世紀末時改稱更名符其實的「理情行為治療」。

　　閱讀後文前可先參看〈獨行其是的 ABC 理論〉篇，簡言之，是當某事件 (A) 發生時，真正會影響到心情與行為 (C) 的，其實是信念 (B) 而非事件 (A) 本身。

　　理情行為治療是心理治療的一種，它的基本假設就是：人所有的情緒困擾或異常行為，都是來自於個人在認知及態度上無法對於事件做出理性的判斷，以致於在主觀感受的蒙蔽下做出錯誤的決定。以近來經常被使用的說法，就是「被情緒所綁架」，以致於無法做出客觀理性的決策。

　　事實上，理性與非理性的思維或行為本來就是人與生俱來的，正常狀態下人們會從錯誤的經驗中學習而矯正，但許多人常會反覆做出某些不理性的行為，往往事後又後悔不已（例如暴怒打小孩），然而每次做完、每次後悔，後悔完下次還是不由自主的再犯，儼然成了習慣。理情行為治療是協助當事人意識到自己不理性的想法，運用「駁斥非

理性的信念」(D, disputing irrational belief) 對於行為之前的情緒加以剖析，產生改變情緒化思考模式的「效果」(E, effect)，將來再面對同樣的事件時能夠擺脫情緒的綁架，獲得全新的後果 (C)。——這便是理情行為治療的 ABCDE。

　　附圖是一個「媽媽因為兒子回家不打招呼而大發雷霆」的案例，由此案例可以讓大家更容易了解理情行為治療的 ABCDE 基礎架構。仔細想想，類似這樣的不理性信念與造成的負面後果及影響，是不是經常發生在你我身邊呢？

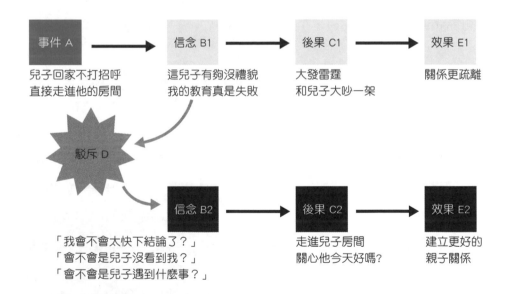

≫ 延伸連結

搭配成語

①心有餘而力不足

心裡很有意願去做，但是能力不足。也作「心餘力絀」。絀，不足。⟨近⟩力不從心；力有未逮。⟨反⟩遊刃有餘；應付裕如。〔論語‧里仁：有能一日用其力於仁矣乎？我未見力不足者。〕〔紅樓夢‧第二十五回：我手裡但凡從容些，也時常來上供，只是心有餘而力不足。〕

②因材施教

針對受教者的資質、興趣、個性等條件給予適當的教育。⟨近⟩循循善誘；有教無類。〔宋‧程頤‧河南程氏遺書‧第十九卷：孔子教人，各因其材，有以政事入者，有以言語入者……。〕〔清‧鄭觀應‧盛世危言‧卷二‧女教：將中國諸經、列傳，訓誡女子之書，別類分門，因材施教。〕

③追根究底

追查事物最初的根由。也作「追根究柢」。⟨近⟩探本窮源；尋根究底。⟨反⟩淺嘗輒止；不求甚解。〔清‧秦子忱‧續紅樓夢‧第七回：王夫人聽了，信以為真……便追根究底的問起賈璉。〕

④抽絲剝繭

剝開蠶繭抽出絲來。比喻層層分析以找出事物的來龍去脈。

⑤循序漸進

遵循一定的順序逐步前進。指學習或工作時，按照一定的步驟，逐漸深入或提高。近按部就班；由淺而深。反一蹴而就。〔宋・朱熹・答邵叔義：讀書窮理，積其精誠，循序漸進，然後可得。〕

35　六神無主的解離

自我防衛機制、解離性失憶症

　　解離 (dissociation) 是一種個人的意識、記憶、身分，或對環境知覺的正常整合功能遭到破壞的現象。正常狀態下，一個人的人格是由許多不同的層面所整合在一起的（例如思想、情感、行動等），就像不同塊的拼圖組合成一幅完整的拼圖畫。而解離一詞正是形容這些拼圖被打散了的狀態。

　　解離不論是對個人或者是身邊的人而言，都是非常具戲劇性的經驗，因此不論是小說、電影或電視劇，都常出現解離的劇情，最常上演的戲碼，就是某人因為受了極大的創傷而突然失去記憶、忘了自己是誰，甚至用另一個身分開始生活。

　　解離狀態通常是突發的，大多來自特定壓力事件的衝擊，例如來自暴力所造成的嚴重心理創傷等。一般來說，可以將解離解釋為一種對創傷的「自我防衛機制」(self-defense mechanism)，可以將受創傷者和所受的創傷「暫時隔離」。研究顯示解離的發生會隨著年齡的增加而減少，而兒童時期受到身體與性方面虐待的人較容易出現解離現象。在心理學及精神醫學尚未開化的年代，這樣的現象常被賦予魔鬼做怪、邪靈附身等宗教性的解釋。

　　現在精神醫學領域有特定的疾病名稱 「解離症」 (dissociative disorder)，是由許多不同特徵的解離現象所組合而成的，下面介紹幾種常見的類別：

一、**解離性失憶症 (dissociative amnesia)**：在創傷壓力之後，個案對於特定事件的記憶喪失、或者廣泛的對自己生活中曾發生的事失去記憶。

二、**解離性身分障礙症 (dissociative identity disorder)**：出現兩個以上不同個性狀態的身分，在特定因素的誘發下轉換身分。這個疾病過去以「多重人格」一詞而廣為流傳，也是戲劇裡最愛搬出的橋段，但這樣的案例在現實上是非常罕見的，歷史上有許多的多重人格患者後來被證實是偽裝的。

三、**失自我感 (depersonalization)**：感覺自己似乎靈魂出竅變成旁觀的一般，感覺不真實，知覺與時間感也扭曲了。

四、**失現實感 (derealization)**：覺得周遭環境變得不真實、模糊、有如夢一般，整個世界似乎與自己無關。

五、**解離性恍惚 (dissociative trance)**：對周遭的刺激變得遲鈍或者完全喪失知覺，可能伴隨輕微不自覺的反覆動作（例如搓手）。借大眾常用的詞來形容就是「恍神」，只不過，解離性恍惚的恍神程度，並不是你「搖一搖」他就能馬上醒的！

>> **延伸連結**

編號 67 | 恍恍惚惚的失憶症

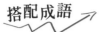

搭配成語

①六神無主

形容慌張害怕，不知所措。依道教說法，人的心、肺、肝、腎、脾、膽，各有神靈主宰，稱為六神。實為人的精神。無主，沒有主意。㊭手足無措。㊃泰然自若。〔明・馮夢龍・醒世恆言・卷二九：嚇得知縣已是六神無主，還有甚心腸去喫酒？〕

②不知所措

不知道該怎麼辦才好。形容慌張或窘困之狀。措，安置；處理。㊭手忙腳亂；手足無措。㊃不慌不忙；從容不迫。〔管子・七臣七主：臣下振怒，不知所錯（措）。〕

③魂飛魄散

魂魄脫離了人體。形容極度驚恐害怕。㊭心驚膽戰；魂不附體。㊃若無其事；泰然自若。〔宋・劉宰・鴉去鵲來篇：遂令著處聽鴉鳴，魂飛魄散心如搗。〕

④失魂落魄

精神恍惚的樣子。形容驚嚇過度或落拓不得志。㊭魂不附體。㊃神色自若。〔漢・桓寬・鹽鐵論・誅秦：單于失魂，僅以身免。〕〔元・佚名・看錢奴買冤家債主：餓的我肚裡飢，失魂喪魄。〕〔明・凌濛初・初刻拍案驚奇・卷二五：做子弟的，失魂落魄，不惜餘生。〕

36　全然不同的角色

角色期待、社會期待、角色衝突

　　角色 (role) 是指個人在社會或團體中被賦予的身分，以及該身分應有的能力及行為。每個人通常同時扮演多重角色，例如在家是女兒的角色、在公司是經理的角色、在社區樂團裡是貝斯手及公關。

　　大眾對於個別的角色抱持個別的角色期待 (role expectancy)，或稱社會期待，一般的角色期待來自於文化中認可的社會規範。而在不同的文化中，同樣的角色有時會被寄予不同的角色期待，例如家庭中的夫妻在東方傳統文化中被期待為男主外、女主內，但在現代社會，受職業結構、雙薪需求、能力導向等影響，這樣的期待發生改變；又例如學生角色在西方文化中被期待多發問、主動表現，但在過去東方的教育環境中，則是期待學生能安靜在座位上聽課。

　　前面說到一個人通常是同時具有多重的角色，因此在不同角色間的轉換過程中，也可能會發生「角色衝突」(role conflict)。角色衝突是指在扮演角色的過程中，遇到顧此失彼而矛盾的情形。角色衝突的情況有二種：

一、角色間衝突 (inter-role conflict)：一人身兼多個角色而無法面面俱到的情形。例如許多女性同時扮演妻子、母親與職業婦女三個角色，在工作與家庭的時間分配上有衝突，導致某個或所有角色的扮演上未能完善；又例如兒子在父親開的公司裡工作，在公司裡父子之間又多了老闆與下屬的關係，兩人在互動時便可能因

此而顯得不自然。

二、角色內衝突 (intra-role conflict)：個人在面對不同對象時，雖然扮演同一個角色，卻仍無法同時兼顧的情況。例如一位母親有兩個小孩，一個住臺北、一個住新竹，母親雖然想就近照料兩個小孩，但勢必不能同時陪伴。

　　人生就像是一部舞臺劇，每個人每天都在不同場景、不同的戲段中努力扮演不同的角色。在舞臺上，每個人除了是自己人生這齣戲的主角之外，也經常是他人人生的重要配角。是不是該照著像劇本一樣的社會期待來表演自己的角色呢？這可是每個人都會遇到的抉擇呢！

搭配成語

①三從四德

古代要求婦女應有的品德。〔儀禮・喪服：婦人有三從之義：……未嫁從父、既嫁從夫、夫死從子。〕〔周禮・天官・冢宰・九嬪：（四德）婦德、婦言、婦容、婦功。〕

②兄友弟恭

兄弟之間相互友愛尊敬，感情和睦。近手足情深；讓棗推梨。反兄弟鬩牆；煮豆燃萁。〔史記・五帝本紀：使布五教於四方，父義母慈，兄友弟恭。〕

③亦師亦友

是老師，也是朋友。形容兼具教導與友好關係的人。

37 處世之道的人際關係

人際互動、人際關係論、人際需求論

　　人際關係 (interpersonal relationship) 是指人和人在群體與社會當中，因共存而產生的各種互動關係：相互聯繫、相互依存、相互競爭等等。從嬰兒時期開始，人際關係就起始於親子關係，隨著年紀增長，人的人際圈逐漸擴大，人際關係也會變得愈來愈複雜，例如同學關係、師生關係、朋友關係、同事關係、僱傭關係等等。在這些關係間的互動便是大家常聽到的「人際互動」(interpersonal interaction)，人際互動除了是口語交談及行為等可以觀察到的互動外，也包括了情感上及思想上的交流。

　　人際之間的互動除了會影響人的情緒之外，也會影響人格與心理。心理學家沙利文 (Harry Stack Sullivan) 以「人際關係論」(Interpersonal theory) 說明一個人的人格發展與心理健康並非奠定於個人的生理因素，而是受到他所處的社會環境與人際關係的影響。他從各種的社會情境中，觀察到人際關係會影響人的思考與行為，甚至影響人性。舉例來說，一個孩子在友善的環境很乖巧，但在不友善的環境中可能會變得頑劣，乖巧或頑劣都是他被觀察到的個性與表現，但這取決於他在這個環境中和其他人的互動與關係，就像人們在險惡的環境中總會變得堅韌來自我保護一樣。

　　而人際關係是如何建立或維持的呢？在社會心理學家舒茲 (William Schutz) 所提的「人際需求論」(Interpersonal needs theory) 中

認為這要看兩個人的「人際需求」是否能相互配合、以及配合的程度而定，他主張人與人之間的交往是為了滿足三種人際關係的需求：情感、歸屬與控制。

一、情感需求 (affection)：人都有付出感情與獲得感情的欲望，並且藉由互動達到情感的交流與交換。現實生活中，我們愛一個人，也希望被對方所愛。如果只是單一方向的愛人或被愛，這樣的關係是脆弱的。

二、歸屬需求 (inclusion)：人都希望被他人認同與接納，並且藉由參與團體中的活動、與團體中的人互動，在團體中產生歸屬感。就像學生會希望能融入整個班級、與班上的每個同學都保持良好的關係，而不希望被班上同學排除在外、無法參與班級的活動。

三、控制需求 (control)：人也都希望有能力影響周遭的人事，在權力問題上與他人建立並維持彼此都滿意的狀態。而在團體中，人也希望能夠爭取較高權力的地位。在日常的工作場合中，並非人人都想努力追求晉升，但「控制」這件事也不是非得到較高階層的職位不可的。

人與人之間常藉由對這三種人際需求，進而呈現不同的人際互動方式，以建立與他人的關係。人際需求論其實和〈日常必要的需求〉篇裡所提到的人類的「相互關係需求」是一樣的道理。以這樣的觀點來看，不論是家人、情侶、伙伴、或朋友，彼此間其實沒有需要和被需要的分別，不論彼此的關係如何，都是互相需要對方的。兩個人在一起，一個人有被保護的需求，也代表著另一個人有提供保護的需求：

想想，這是否和前面所說的情感、歸屬感、與控制欲有關呢？

≫ 延伸連結

編號 64 | 日常必要的需求

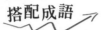

① 人情世故

人際之間的常情與世事的慣例。〔元‧戴表元‧故玉林項君墓誌銘：君少歷艱險，長經離析，精於人情世故。〕

② 愛恨情仇

情愛與仇怨、所愛與所恨。泛指世間或人與人之間，感情與恩怨的糾葛。常偏指仇怨一面。一作「恩怨情仇」。

③ 過從甚密

指彼此交往頻繁，關係密切。〔宋‧邵雍‧後園即事三首（其三）：賓朋款密過從久，雲水優閒興味長。〕〔明‧沈德符‧萬曆野獲編‧王師竹宮庶：信陽王師竹宮庶，與先人相善，且不拘詞林前後輩俗體，博洽虛心，過從甚密。〕

④ 長袖善舞

袖子長，便容易舞出曼妙姿態。原比喻有所憑藉，事情便容易成功。後多用來比喻人善於交際。近八面玲瓏；人情練達。〔韓非子‧五蠹：鄙諺曰：「長袖善舞，多錢善賈。」此言多資之易為工也。〕

⑤人情冷暖

形容人情變化無常。近世態炎涼。〔唐・劉得仁・送車濤罷舉歸山：朝是暮還非，人情冷暖移。〕

⑥揆情度理

揣測人情，衡量事理。揆，音ㄎㄨㄟˊ。揣測。度，音ㄉㄨㄛˋ。衡量。也作「揆理度情」。〔明・劉若愚・酌中志・遼左棄地：揆理度情，大有未便。〕〔清史稿・卷二九〇・楊名時傳：取所當取，用所當用，全在爾等揆情度理而行，無煩章奏也。〕

⑦待人接物

指與人相處。接物，與人接觸。物，眾人。近立身處世。〔宋・朱熹・朱子語類・卷一三・學七：其待人接物，胸中不可先分厚薄。〕

38 縱橫交錯的 社會網路

人脈、六度分隔理論、社群網路

　　社會網路 (social network) 或稱「人際網路」是指社會中人與人之間透過互動與關係而產生的連結。有些人可能誤以為「網路」、"network" 這個詞是來自現代文明將電腦、手機等電子產品透過有線或無線的方式連結而成的網際網路，事實上「網路」原本的意思便是由許多的「點」相互連成了「線」、而許多的「線」再交織成了「網」的結構。而以社會學的觀點來看，社會裡的每一個人、每一個組織都是一個「點」，而人與人、人與組織、組織與組織之間的「線」交疊在一起便成了「社會網路」。

　　細看社會網路的每一條線，其實就是「人際關係」，社會網路便是將同樣的、類似的或相近的關係交織在一起，網路中的成員分享共同的族群、社會背景、價值觀、興趣、外在表徵等等，彼此互動與交流。而這些社會網絡也可能因應暫時的狀況，或者為了達成特定的共識而存在。例如擁有共同上課時間與場所的同班同學、擁有相同興趣或理念的社團、擁有血緣與姻親關係的大家族等等，都是一個個的社會網路，而不同的社會網路之間也會因互動而擴展為更大的社會網路，例如三年一班、三年二班……到三年八班合在一起是整個三年級。因此社會網路的範疇很廣，小可以小到人與人間的連結；大可以大到國家與國家間的連結。透過人際間的連結與社會網路，可以滿足許多的人際需求，許多事情也才能在彼此的合作下完成。臺灣人常講「人脈很

重要」就是這個意思，朋友的朋友經過介紹就變成自己的朋友了！

　　社會心理學家米爾格蘭 (Stanley Milgram) 曾透過實驗證實了有趣的「六度分隔理論」（Six degrees of separation，見附圖）：世界上任何互相不認識的兩個人，中間只需要經過五個人，也就是六條人與人之間的「線」，就可以彼此連結在一起。也就是你可以隨便說出一個你想認識的外國偶像的名字，雖然你和他之間沒有連結，但只要透過某個你的朋友、以及某個他的朋友、以及某個他的朋友的朋友……依此類推，只要經過五個人的介紹，你就可以認識你的偶像啦！人與人之間的距離其實比想像中的短！

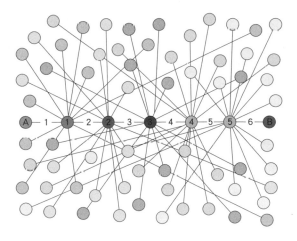

　　米爾格蘭發表「六度分隔理論」是在 1960 年代，那時根本還沒辦法上網交朋友呢！而在現代的社群網路服務 (social networking service) 問世之後，人與人之間的距離變得更短了，你可以透過手機上網就認識了遠在美國和你一同喜歡看足球的朋友。臉書 (Facebook) 在 2016 年公布了他們的研究，發現臉書上的使用者之間的「分隔」竟然只有 3.5 度，也就是說在臉書上你只要透過不到三個人就可以和全世界所有

人連接上了！世界真是小小小呢！

≫ 延伸連結

編號 37｜處世之道的人際關係

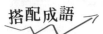

①沾親帶故

與他人攀上親戚朋友的關係。親，親戚。故，朋友。〔元・無名氏・包龍圖智賺合同文字・第三折：這文書上寫作見人，也只為沾親帶故。〕

②狐群狗黨

指相互勾結、一起為非作歹的人。也作「狐朋狗黨」、「狐朋狗友」。近一丘之貉。反良朋益友。〔元・無名氏・漢高皇濯足氣英布・第四折：咱若不是扶劉鋤項，逐著那狐群狗黨，兀良怎顯得咱這黥面當王！〕〔元・關漢卿・關大王獨赴單刀會・第三折：我須索緊緊的防，都是些狐朋狗黨。〕〔紅樓夢・第十回：惱的是那群混帳狐朋狗友，扯是搬非。〕

③舊雨新知

指老朋友和新結交的朋友。在商場上則指新舊顧客。〔戰國・楚・屈原・九歌・少司命：悲莫悲兮生別離，樂莫樂兮新相知。〕〔清・張集馨・道咸宦海見聞錄：舊雨新知，屨烏交錯，宴會幾無虛夕。〕

39 親疏遠近的
空間關係學

人際距離、親密關係、刺蝟困境、刺蝟理論

　　空間關係學 (proxemics) 是在研究人類在空間使用上的學問，特別是在人彼此互動及各種行為的距離。學者愛德華·荷爾 (Edward T. Hall) 將人對於周遭的空間距離感分為四個區域，也就是一般俗稱的人際距離 (interpersonal distance)（見附圖）：

　　一、親密距離：約 46 公分以內的距離，可以碰觸對方、擁抱對方、和對方說悄悄話的距離。

　　二、私人距離：約 46 公分到 1.2 公尺的距離，適用於親人與好友間的距離。

　　三、社交距離：約 1.2 公尺到 3.7 公尺的距離，對於點頭之交、日

常人際互動（如購物、服務）的距離。

四、公共距離：約 3.7 公尺以外的距離，用於公開談話、聆聽演說、欣賞表演的距離。

上述的人際距離並沒有普遍性與一致性，許多研究證實，不同親疏遠近的適宜人際距離與性別、種族、文化或地域有相當大的關係。以性別為例，女性平均的社交距離較男性遠。以地域來看，環境溫度愈高的民眾，有著較近的社交距離——比較熱情！不過對任何人來說都一樣的是，當另一個人未能達足夠的親疏程度卻踏入該人際距離時，人都會覺得不自在，甚至會感覺到被侵犯，這其實也是動物的本能反應，為的是保護自己與親人的安全。

在人際距離的研究中，有一個有趣的現象叫「刺蝟困境」(hedgehog's dilemma)，最早由哲學家叔本華 (Arthur Schopenhauer) 提出，又被稱為「豪豬困境」(porcupine dilemma)，用來比喻人在發展親密關係時可能面臨的挑戰。刺蝟和豪豬都是身上長滿刺的動物，當天氣寒冷時，刺蝟必須要彼此依偎靠近來取暖，但靠太近可能因對方的刺而受傷，靠太遠又達不到取暖的效果，所以就得取得一個既不讓彼此受傷又稍微能取暖的安全距離。

後來學者以「刺蝟理論」來闡述人際間需保持適度距離以達到最佳互動的道理，以此發展為管理學及婚姻模式上的知識。在管理上，上司宜與下屬維持一個有點近又不會太近的距離，能讓下屬感受到上司的關心，卻又不至於逾矩而管不動；在婚姻模式上，夫妻間再親密也要避免無限制的緊密互動，才不會讓彼此喘不過氣來——大致就是有點黏又不會太黏的關係啦！

搭配成語

①促膝談心

形容親密交談，互相傾訴。促膝，膝蓋相接近。形容坐得很靠近。近抵掌而談。反話不投機。〔晉・葛洪・抱朴子・疾謬：促膝之狹坐，交杯觴於咫〕〔唐・田穎・攬雲臺記：來則促膝談心，率皆聖賢之道。〕

②耳鬢廝磨

耳朵、鬢髮互相摩擦。形容非常親密。廝，互相。近如膠似漆。反分道揚鑣。〔紅樓夢・第七十二回：偺們從小耳鬢廝磨，你不曾拿我當外人待，我也不敢怠慢了你。〕

③親密無間

形容彼此互動密切，沒有隔閡。間，音ㄐㄧㄢˋ。縫隙。近水乳交融。反視同陌路。〔漢書・蕭望之傳贊：「蕭望之歷位將相，籍師傅之恩，可謂親昵亡（無）間。〕

④劃清界線

清楚劃分兩地的邊界線。比喻脫離關係、保持距離或互不干涉。近井水不犯河水；不相往來。

⑤若即若離

好像親近，又像生疏。形容態度曖昧，令人捉摸不定。若，好像。即，靠近；投向。近不即不離。反形影不離。〔晉・成公綏・嘯賦：若離若

合，將絕復續。〕〔徐枕亞・玉梨魂・第四章：簾中人影，窗內書聲，若即若離。〕

⑥敬而遠之

指與人保持距離，不親近也不得罪。㊄不即不離；若即若離。〔論語・雍也：敬鬼神而遠之。〕〔晉・王嘉・拾遺記・卷八・吳：同幽者百餘人，謂夫人為神女，敬而遠之。〕

40 不脛而走的小道消息

八卦、謠言、非正式溝通網路、飲水機效應

　　這篇要提的「小道消息」包括了我們俗稱的「八卦」(gossip) 和「謠言」(rumor)，小道消息一般被認定為未經證實的、不可靠的、耳語間的訊息傳遞，屬於「非正式溝通網路」(informal organization) 的一種。

　　在群體的社交網路中，消息的傳播可分為正式與非正式，正式管道如會議、宣布、張貼公告、官方郵件等，是可以信任的確定訊息；然而有些消息卻是透過非正式的管道傳遞出去的，小道消息即是其中的一種。小道消息是自然而然存在於社交當中的，也是人與人之間互相投入感情所產生的人際互動行為，一般認為可以拉近人與人之間的距離，也容易藉此凝聚初步形成的共識。

　　「飲水機效應」 (water cooler effect) 是小道消息的一種應用。在許多的工作場所會在茶水間或空間一角放置飲水機供員工裝水、泡咖

啡。當員工走到飲水機旁，一般代表暫時抽離工作小憩一下；而當兩位以上的員工同時走到飲水機旁，總會找些話題來聊聊——這時就是非正式溝通網路發揮功能的時候了，辦公室內的小道消息也通常是在這個地方開始發酵的！把「飲水機效應」加諸於經濟心理學理論，就是：如果一個話題（例如電視節目、政治話題、重大事件或商品）攻占了飲水機——每位來飲水機旁的人都聊這個話題，就證明這個話題足夠吸引公眾的注意力，達到宣傳的效果。

雖然人們經常把小道消息或八卦貼上負面標籤，但在英國心理學家羅賓鄧巴 (Robin Dunbar) 的著作中，他肯定它們的價值。他認為一個人善於八卦是人緣好與溝通能力佳的綜合表現，而暢談八卦可以讓焦慮感降低（藏有祕密的焦慮）、讓人際社交更活絡、提升幸福感（握有小道消息的興奮），甚至可以延長壽命。

你是否想過為什麼這麼多人「喜歡八卦」呢？在遠古時代，人類可以經由小道消息得知哪裡有食物、何處有敵人，透過物競天擇，有八卦基因的人類存活率高於沒有八卦基因的。即便到了文明時代，掌握越多消息的人，通常也有越強的社會競爭力（包括追求異性）。可以想見的，經過長年的淘汰與演化，現代的人類大多天生就是愛八卦的呀！

搭配成語

①一傳十，十傳百

形容消息傳播得很快。近口耳相傳；不脛而走。〔明・馮夢龍・喻世明言・卷二八：一傳十，十傳百，霎時間，滿京城通知道了。〕

②不脛而走

沒有腿卻能跑。比喻事物未經聲張、推行，即已迅速地傳播。脛，音ㄐㄧㄥˋ。小腿。泛指腿、腳。近一傳十，十傳百。〔清·趙翼·甌北詩話·白香山詩：婦人女子亦喜聞而樂誦之，是以不脛而走，傳遍天下。〕

③流言蜚語

毫無根據的、詆毀他人的話。流言、蜚語，皆指沒有根據的話。蜚，音ㄈㄟ。通「飛」。近蜚短流長。〔荀子·大略：流丸止於甌臾，流言止於知者。〕〔史記·魏其武安侯列傳：乃有蜚語，為惡言聞上。〕

④眾口鑠金

大家的說法一致，其力量足以熔化金屬。比喻眾多的流言足以顛倒是非。鑠，音ㄕㄨㄛˋ。銷熔。近三人成虎。〔國語·周語下：故諺曰：「眾心成城，眾口鑠金。」〕

⑤三人成虎

只要有三個人說市集上有老虎，大家就會信以為真。比喻謠言經一再傳播，足以惑亂聽聞。也形容謠言的可怕。近以訛傳訛。〔韓非子·內儲說上：龐恭曰：「夫市之無虎也明矣，然而三人言而成虎。」〕

41 感同身受的同理心

換位思考、同理心、同情心

同理心 (empathy) 是指站在對方的立場，客觀地從對方的角度來理解或感受事物，並將這分理解的心意傳達讓對方知道。有些人稱之為「換位思考」，這個詞彙相信讓人更容易理解「同理心」的含意。

同理心很容易讓人跟同情心 (sympathy) 混淆，同情心是單純的主觀體驗對方的感受，只有情感的成分；而同理心呢，從字面上就可以了解，是以理性客觀地了解對方的感受。兩者雖然不同，卻也有相當程度的重疊，大體上同理心包含了同情心的元素，同理心的產生通常是來自於一開始主觀感受到對方的情緒（也就是同情心），爾後才以理性客觀的做換位思考。

在心理學或者教育學領域當中，對於同理心的重視遠高過同情心，為什麼呢？因為同情心是人之天性，即所謂的「惻隱之心」，不需要教育而有之；而對於大多數的人來說，同理心則是需要學習的，需要將看待他人的同情心昇華為同理心。

打個比方，在一條下著滂沱大雨的街上，你看到一個小女孩站在街角哭著躲雨，你心想：「這個小女孩好可憐，我借她一把傘好了！」你也真的借了把傘給她。你原以為當小女孩收下傘的時候會露出笑容感謝你，但結果卻沒有，小女孩依然哭個不停。為什麼呢？因為你剛剛借傘給她的行為，是同情心的表現。如果運用同理心，你會先思考：「我如果是那個小女孩，為什麼會躲在街角哭的這麼傷心呢？是因為大雨走不開而傷心？還是她在擔心害怕什麼？為什麼這種天氣會有一

個小女孩單獨在街上呢？」於是你帶了把傘走向她，問她發生了什麼事，讓小女孩知道你願意幫助她解決困難。你並非只是單純的體驗小女孩的憂傷，而是站在她的角度看這周遭的環境，並試著理解她的感受：如果小女孩是因為和媽媽走散了才哭的，你給她一把傘又有何用呢？——這就是同理心的表現。

在人際互動上，同理心的價值是非常高的：當老師發現某個學生怎麼教都教不會，運用同理心了解他的學習卡在什麼地方，才能因材施教；當人在公司與同事對某件工作的意見不同時，運用同理心了解對方為何堅持他的想法，才能找到彼此都能接受的妥協方案而避免爭執；而在很多的公共議題上，運用同理心了解各種不同聲音的出發點，才能化解歧見降低衝突。

最後，同理心不僅僅只是狹義的理解對方感受，廣義的更要在理解的基礎上為對方著想來決定下一個動作。如果只是「朕知道了！」就沒下文，可不是同理心的表現唷！

搭配成語

①感同身受

原指感激之情如同親身受到別人的恩惠一樣。今多指別人的遭遇引起自己相同的感受，有如事情發生在自己身上。㊄心有戚戚焉。㊃麻木不仁。〔清・吳啟太、鄭永邦・官話指南・卷四：俾伊有所遵循，則我感同身受矣。〕

②設身處地

設想自己置身在他人的處境中。指能客觀地從他人的立場著想。㊄將

心比心。〔中庸：體群臣也。｜宋・朱熹注：「體」謂設以身、處其地
而察其心也。〕

③易地而處

互相交換所處的地位。意指將心比心，設身處地為他人著想。易，交
換。㊄設身處地。〔三國・魏・曹髦・少康漢高祖論：身歿之後，社稷
幾傾，若與少康易地而處，或未能復大禹之績也。〕

④將心比心

拿自己的心去揣度別人的心。比喻以自己的立場去衡量別人的立場，
體會他人的感受。將，拿。比，比擬。㊄推己及人。㊃自私自利。
〔宋・朱熹・朱子語類・卷一六・大學三：俗語所謂將心比心，如此
則各得其平矣。〕

⑤人飢己飢，人溺己溺

別人挨餓，就如同自己挨餓；別人溺水，就如同自己溺水。比喻本著
仁愛、慈悲的胸懷，救助他人的苦難。也省作「人飢己飢」、「人溺己
溺」或「己飢己溺」。〔孟子・離婁下：禹思天下有溺者，由己溺之也；
稷思天下有飢者，由己飢之也，是以如是其急也。〕

⑥人同此心，心同此理

指對合於情理的事情，人們的感受或想法大致相同。㊄將心比心。〔孟
子・告子上：欲貴者，人之同心也。〕〔清・文康・兒女英雄傳・第九
回：只是他也是個女孩兒，俗話說的：「人同此心，心同此理。」若說

照安公子這等人物，他還看不入眼，這眼界也就太高了。〕

⑦惻隱之心

人類天生的同情憐憫之心。惻隱，憐憫。近慈悲為懷；於心不忍。反鐵石心腸。〔孟子・公孫丑上：惻隱之心，仁之端也。〕

42 萬眾一心的合作力量

合作動機、木桶原理

　　合作 (cooperation) 是指團體中的不同成員為了共同目標所表現的互相協作的社會行為，成員們為追求此一共同目標所展現的心理動力則稱為「合作動機」(cooperative motive)。雖然在許多團隊合作的經驗中，成員追求共同目標的初衷並不盡相同，但為了有所交集的共同目標仍有合作的心理動力。

　　人之所以合作，便是為了單獨一人無法達到的目標，或無法獲得的利益，因此為了實現自我與他人合作的動機，每位成員各盡己力以完成目標，待團體目標達成，也是個人得到成果之時，而這合作後共享的果實並不一定是實質的利益。例如加入足球社的每個成員起先加入社團的理由可能不同，一開始有人是為了學踢足球而加入、有人是為了鍛鍊身體、有人是被動的參加體育性社團、有人只是某足球明星的粉絲。而這些成員在對外比賽時，贏球這個共同目標所帶來的利益，如獎金分享；成就感、榮譽感、參與感的滿足；個人生涯規劃或學業積分等，使得每位成員都擁有合作動機。

　　團隊合作的模式大致分為兩類，一類為團員同質性高的合作；一類為團員異質性高（多元性）的合作。前者的合作模式通常用於一成不變的勞動性團體，例如工廠生產線上的技術員，每個成員做類似的工作，以合作換取效率，累積個人的小目標以完成團體的大目標；後者則常用於較需要創造力的團體，就像電影裡的特務小隊，每個成員

各有擅長、彼此截長補短，以合作完成個人不可能的任務。

最短的
木板

與團隊合作相關的理論有很多，木桶原理（cannikin law）便是其中一個（見圖）。木桶原理又稱「短板理論」，原理是一個木桶能盛多少的水，取決於被框成木桶的木板中最短的那塊，而非最長的那塊。這個理論，最重要在告訴團隊成員與領導，須重視團隊中俗稱的「罩門」，想要讓團隊的成就提升，就必須協助團隊中能力相對較不足的成員提升能力，方能增進合作的效率和成功的可能性。

搭配成語

① 通力合作

共同出力做一件事。形容團結合作，不分彼此。通力，全力；共同出力。近同心協力。反一盤散沙。〔論語・顏淵「蓋徹乎」・宋・朱熹集注：周制，一夫受田百畝，與同溝共井之人通力合作，計畝均收，大率民得其九，公取其一，故謂之徹。〕

②同心協力

心志一致，共同努力。近同心戮力。反各行其是。〔漢・賈誼・過秦論：且天下嘗同心并力而攻秦矣。〕〔南朝・陳・徐陵・為貞陽侯重答王太尉書：同心協力，克定邦家。〕

③萬眾一心

形容大家抱著共同的理想，團結一致。也作「萬人一心」。近同心同德。反離心離德。〔後漢書・朱儁傳：萬人一心，猶不可當，況十萬乎！〕〔清史稿・卷三一六・曾國藩傳：國藩練湘軍，謂必萬眾一心，乃可辦賊。〕

④戮力同心

共同努力，團結一心。戮力，音ㄌㄨˋ ㄌㄧˋ。合力。近齊心協力。反分崩離析。〔墨子・尚賢中：湯誓曰：「聿求元聖，與之戮力同心，以治天下。」〕

⑤群策群力

眾人一起謀劃，共同完成。近通力合作。反單打獨鬥。〔漢・揚雄・法言・重黎：漢屈群策，群策屈群力。〕〔明史・陳亨傳：意者天之所興，群策群力，應時並濟。〕

⑥眾志成城

眾人一致的心志足以形成堅固的城牆。比喻大家團結一致就可產生很大的力量，完成任務。也作「眾心成城」。近同心斷金。反一盤散沙。〔國語・周語下：故諺曰：「眾心成城，眾口鑠金。」〕〔清・梁章鉅・歸田瑣記・卷二：果能眾志成城，則又何炮之不可用乎？〕

43 魅力四射的領導特質

領導理論、領導行為、領導權變、意見領袖

領導理論 (leadership theory) 是探討團體中領袖如何有效能的發揮領導力，及如何成為成功領導者的理論。要介紹領導理論前，我們先來了解什麼是領導者。

領導者、領袖 (leader)，是指在一個團體中能藉由其權力或影響力支配或控制團體成員思想或行為的人。領導者的必要條件是一群追隨者組成的團體，沒有追隨者就沒有領導者。

許多人都喜歡當團體中的領導者，或許人們會認定這些人是屬於高權力欲望者，但事實上以領導者為目標是所有群體動物的天性，就像只要身材夠壯碩的雄獅必定會嘗試挑戰獅子王一樣，人在許多場域中，在能力許可的情況下多會嘗試往上爬。然而，現實的殘酷是，有能力往上爬並不代表有能力擔當領導者的角色，也就是不一定具備「領導才能」(leadership)。而這也正是領導理論要探討的題目。

綜觀古今中外著名的領導者我們可以發現：這世界上存在著各種不同樣貌的領導者，事實上也很難在所有領導者中找到全然的共通點，也因此在心理學上遲遲未能建立起普世接受的領導理論，但有三個常被探討的面向可供參考：

一、領導特質理論：最早發展的領導理論，著重在領導者具備的共同特性或品質上，這個理論支持者認為「領導特質是天生的」，

他們一站上臺就散發出大眾所期待的領導者特質,例如善於言辭、外表出眾、充滿自信、機智幽默、心思細膩等。

二、領導行為理論:好的領導並非基於領導者本身,而在於團體中他所表現的領導行為。而領導行為中最重要的兩大部分,一是對團體組織工作效率是否提升,二是信任並關懷團體成員——能做好這兩點便是好的領導者。

三、領導權變理論:領導效能好壞並非取決於領導者個人,而需同時將團體所處的場景情境也考慮進去。舉例來說,如果將甲國受人民愛戴的總統,挪至乙國擔任總理,他並不一定也能在乙國成為優秀的領導者,因為人時地不同,適任的領導者就會不同。

在網路發達的現代,當一個人能藉由網路或其他媒介號召一群追隨者支持其發表的言論時,他的意見便具備了影響力,這新興的領導者叫「意見領袖」(opinion leader),也打破傳統對於領導者的框架。在人人都能成立粉絲團的網路世界中,或許你也會是意見領袖呢!

搭配成語

①眾望所歸

受到眾人的擁護、愛戴。近實至名歸。反眾叛親離。〔左傳・襄公二十五年:晏子門啟而入,枕尸股而哭。興,三踴而出。人謂崔子「必殺之」。崔子曰:「民之望也,舍之得民。」〕〔晉書・張華傳:進無逼上之嫌,退為眾望所依。〕〔隋書・高祖紀:以高祖皇后之父,眾望所歸。〕

②馬首是瞻

古代作戰時，士兵看著主將馬頭的朝向，統一進退。比喻服從領導或樂意追隨。是，語助詞，無義。瞻，音ㄓㄢ。向前或向上看。近唯命是從。反多頭馬車。〔左傳・襄公十四年：荀偃令曰：「雞鳴而駕，塞井夷竈，唯余馬首是瞻。」〕

③上行下效

在上領導的人怎麼做，下面被領導的人就效法他。行，做。效，效法；模仿。近風行草偃。〔唐・白居易・人之困窮由君之奢欲：蓋亦君好則臣為，上行則下效。〕

④風行草偃

風一吹，草就倒。比喻在上位者以德化民。偃，音ㄧㄢˇ。仆倒。近上行下效。〔論語・顏淵：君子之德，風，小人之德，草；草上之風，必偃。〕〔三國志・吳書・張紘傳・裴松之注引吳書：孫策平定三郡，風行草偃。〕

44 遁世匿跡的社會孤立

社會退縮、社交焦慮症

　　社會孤立 (social isolation) 是指一種完全或接近完全與他人或社會零互動的狀態。社會孤立的形成原因，可以是被動的遭受到他人或群體的排擠或疏離，也可以是主動的因個人自身因素而刻意拒絕與人接觸，後者亦稱為社會退縮 (social withdrawal)。

　　社會孤立可以發生在任何一個年齡層，不同年齡層的社會孤立可能會呈現出不同的表現，但共通點是個人會長時間的待在家裡、房間，或者很少人接近的特定場域之內，甚者可能連至親好友都難以接近他，即使碰面了也難有對話或互動。在過去，社會孤立指的只是一個人不與人見面或談話；在現代，嚴重的社會孤立現象是連電話也不接、網路社群也拒絕參與。

　　造成社會孤立的原因很多，包括：家庭暴力、家庭重大危機、疾病所造成的失能、親人過世所產生的悲傷反應、環境的不

友善或不安全、特定的精神疾病或心理狀態及個人意願與執念（如宗教信仰、生命意義的追求）等，這些情況會讓人否定與他人互動的必要性，覺得自己一個人好過和其他人在一起生活，背離了人身為群體動物的天性。

有些孩子則因成長發育上的問題，可能導致日後的社會孤立現象，例如有些具自閉症傾向或者學習障礙的孩子，他們不擅長與同儕相處，不知道如何與鄰居、同學一起玩遊戲，常常會說錯話而被人討厭甚至霸凌 (bullying)，開始出現強烈的自責與內疚，覺得與人互動很丟臉或有罪惡感，久而久之漸漸遠離人群，總是躲在角落，一放學就立刻跑回家，個性也變得憂鬱、低自尊與低自信。

社會孤立和一般大眾所熟知的「社交焦慮症」（亦稱社交恐懼症，social anxiety disorder, social phobia）不同，社會孤立指的是與他人零互動的狀態，社交焦慮症則是指一種對於人際社交互動或公開場合感到強烈緊張、畏懼的精神疾病，是屬於「焦慮症」的一種。社交焦慮症的患者會因為特定的人際互動，或身處社交場合而感到不自在，例如參加聚會、與人交談，或暴露在眾人眼光下的公共場合的情況，會產生強烈的焦慮反應，多數也會伴隨胸悶、心跳加速、發燙發抖、滿身大汗、頭暈目眩等生理症狀，口吃或發不出聲音也是常有的現象。有些人只有在被眾人注目下的表現時會感到焦慮，稱為「僅於表現時的社交焦慮症」(performance only)，例如上臺演講，或在公開場合表演；而有些人的社交焦慮可能在一對一的情況下也會發生，特別是面對年紀較長、位階較高的權威人士（例如老闆、長官、老師、醫生等等），嚴重的社交焦慮症則是連與普通人交往也有障礙。

你或許會問：「我上臺也會緊張，我是不是也有社交焦慮症呢？」

許多健康的人在特定的場合中或許也會有類似的焦慮感，但焦慮度和社交焦慮症患者是小巫見大巫的！同樣上臺會緊張，社交焦慮症患者在臺上的焦慮度極高，可能胸悶、心悸、喉嚨快速乾燥而說不出話、甚至當眾暈倒。社交焦慮症的病因並非單純只是心理上的障礙，也與自律神經敏感度太高有關，因此一般人上臺若是緊張，心跳只是稍微加速，可以透過練習而適應；但社交焦慮症患者一上臺，則是心跳用力加速到全身都跟著砰砰振動，很難靠自己的意志力克服，也經常因此而影響到正常的生活、學習與工作。如果你自己或身邊的人也有類似的困擾，可以儘快尋求醫療的協助喔！

≫ 延伸連結

編號 24 ｜ 心神不安的焦慮

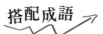

① 足不出戶

腳不跨出大門。形容極少出門。㊐深居簡出。〔清・文康・兒女英雄傳・第三十三回：那公子要知真個足不出戶，目不窺園，日就月將，功夫大進。〕

② 離群索居

離開群體，過著孤獨的生活。索，孤單；孤獨。㊐銷聲匿跡。〔禮記・檀弓上：吾離群而索居，亦已久矣。〕

③拒人於千里之外

形容嚴拒他人的請求。⑤來者不拒；近悅遠來。〔孟子・告子下：訑訑之聲音顏色，距人於千里之外。〕

45 形影相隨的依附

依附理論、銘印現象、安全型依附、分離焦慮

　　依附 (attachment) 這個字的原意是指人與人之間在情感上的連結關係。發展心理學家約翰‧鮑比 (John Bowlby) 提出的「依附理論」(attachment theory) 則是針對嬰兒在出生之後便會自動依賴身邊最親密的人 (例如母親)，藉由依附母親獲得安全的保障、免於外來的威脅，並且在依附者的陪伴下能探索陌生的世界。就像大家都知道小鴨破殼而出之後，會對見到的第一個動物產生銘印現象 (imprinting)，將「她」視為母親，爾後一直跟在母親的後面——這也是支持依附理論的一個例子。

　　嬰幼兒與母親間有健康的依附關係，將會影響孩子一生的人際互動。母親若能給孩子充分的安全感與溫暖，讓孩子感受到穩定支持的力量，在探索外在世界時較能展現自信與勇氣。也因為依附的緊密連結，當孩子與母親分開來時可能會出現「分離焦慮」(separation anxiety)。

　　發展心理學家安沃斯 (Mary Ainsworth) 曾做過一個「陌生情境」的實驗，測試寶寶在媽媽離開及陌生人接近時的分離焦慮反應，而將孩子對於母親的依附關係區分為幾種類型：

一、安全型依附 (secure attachment)： 在陌生環境中，孩子只要母親在身邊都能有安全感，即使陌生人接近也沒問題。但當母親離開時則可能難過哭泣，母親一回來立刻靠上去尋求母親安慰。

大多數的孩子與母親的依附關係是屬於安全依附型的。

二、反抗型依附 (resistant attachment)：在陌生環境中，即使母親在身邊，孩子要探索陌生的環境或接近陌生人時依然感到十分焦慮。當母親離開時孩子會焦慮難過，但是當母親回來的時候孩子的情緒會出現矛盾，一方面希望能與母親保持親近，一方面又對母親滿懷憤怒。這樣的孩子大多來自於照顧能力差、照顧者情緒不穩定、無法滿足孩子需求的家庭。

三、逃避型依附 (avoidant attachment)：孩子會忽視母親的存在，不論母親離開身邊或重新回來都沒有特別的情緒反應。當有陌生人接近時，也不會產生焦慮或其他情緒。這類型的孩子通常來自於照顧者沒有耐心、拒絕與孩子親密的接觸、經常對孩子表現負面情緒的家庭。

有些家長可能會受不了小孩子「太黏人」，看不到爸爸、媽媽就大哭，經常把家長綁住而沒辦法好好做自己的事。然而，就上面所提的依附類型理論來看，「很不黏人」的反抗型與逃避型依附的小孩與母親的連結都屬於「不安全的依附關係」(insecure attachment)，雖然客觀來看不太會有分離焦慮的表現，但他們長大之後可能會有孤立、冷漠的傾向，不易交朋友，對任何事不感興趣，也缺乏面對挑戰、探索世界的動機，就心理發展上未必是好的現象喔！

≫ 延伸連結

編號 07｜寸草春暉的母愛

編號 23｜難分難捨的分離焦慮

搭配成語

①形影不離

像身體和影子那樣分不開。形容彼此關係密切，時刻在一起。近如影隨形。反形單影隻。〔呂氏春秋·孝行覽·首時：聖人之見時，若步之與影不可離。〕〔南朝·王融·奉和代徐二首（其一）：思君如形影，寢興未曾離。〕〔明·古吳墨浪子·西湖佳話·第十三卷：自此之後，便朝夕間形影不離。〕

②相依為命

互相依靠，共同生活。依，倚靠。近相濡以沫；患難與共。反孤苦伶仃；孑然一身。〔晉·李密·陳情表：母孫二人，更相為命。〕〔宋·文天祥·齊魏兩國夫人行實：先公不幸即世……先夫人號痛欲絕。爾後與繼祖母劉夫人相依為命。〕

46　安然處之的舒適圈

壓力、葉杜二氏法則

　　舒適圈 (comfort zone) 是指一個無形的生活圈，在這生活圈當中盡是熟悉的環境、人、事、物，讓人可以感覺習慣、自在、有安全感，待在這裡讓人心理上覺得輕鬆。人一旦踏出這個熟悉圈圈時，立刻要面對不熟悉的變化與挑戰而感受到壓力，無法像待在圈圈內那樣的感到舒適，也因此許多人一離開舒適圈自然而然想退回舒適圈的保護當中（見附圖一）。

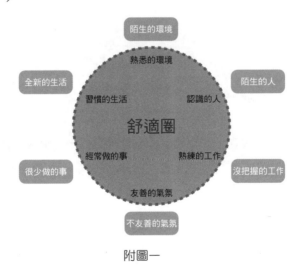

附圖一

　　然而，如果人刻意停留在自己的舒適圈當中，而不願意跨出去，讓自己有機會面對挫折、克服挑戰，自己的發展便會跟著停滯，無法發揮潛力，也得不到進步。相反的，唯有把握機會嘗試跨出舒適圈、

進入相對不舒適的圈圈之外，才可能熟悉原本不舒適的人事物，將不舒適轉變為舒適，進而擴大自己的舒適圈領域。

　　跨出舒適圈能創造成長的空間，然而離開舒適圈太遠卻可能帶來反效果（見附圖二）。當人進入稍微有壓力而不那麼舒適的空間時，學習力是最好的；但若壓力過大、不舒適感太過強烈，則會讓人感到恐慌反而降低學習效果。而在工作的表現上，永遠待在舒適圈當中雖然工作熟悉，但會因太過簡單而容易感到枯燥乏味；輕度挑戰自己不熟悉的任務經常會表現得最好；但如果工作難度太高、超出能力範圍太多，則會進入危險圈當中。

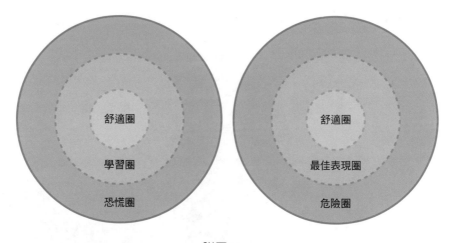

附圖二

　　在壓力與好壞的關聯性上，可以參考〈千斤重擔的壓力〉篇，該文中的「葉杜二氏法則」(Yerkes-Dodson law) 正可以呼應舒適圈理論：「太舒適」或「太不舒適」讓人難以成長；而「有點舒適又不會太舒適」的圈圈，有點壓力又不會太多壓力，對人是最有幫助的環境喔！

⁂ 延伸連結

編號 30｜千斤重擔的壓力

搭配成語

①安常習故

安於常態的生活，沿襲或保守舊有的一切。指守舊不知變革。㊄因循守舊。㊃推陳出新。〔宋・劉摯・論人材：有安常習故樂於無事之論，有變古更法喜於敢為之論。〕

②故步自封

限制自己只用原來的方式走路。比喻安於現狀，不求進步。故步，舊的步法。比喻舊方法。自封，自我限制。㊄墨守成規。㊃勇猛精進。〔漢書・敘傳：昔有學步於邯鄲者，曾未得其髣髴，又復失其故步。〕〔晉・庾闡・斷戒酒：子獨區區，檢情自封。〕〔清・徐珂・清稗類鈔・鑒賞類：徒以不求進化，故步自封，為列強所藐視。〕

③畫地自限

在地上畫個範圍，不敢越過。比喻自我設限，不願突破。㊄作繭自縛。㊃海闊天空。〔論語・雍也：冉求曰：「非不悅子之道，力不足也。」子曰：「力不足者，中道而廢，今女（汝）畫。」〕

④勇猛精進

佛教指勤奮修行。也泛指努力學習，力求進步。㊄精益求精。㊃不思進取。〔無量壽經・卷上：勇猛精進，志願無倦。〕

47 相互取暖的同溫層

回音室、過濾氣泡

　　什麼是「同溫層」呢？我相信很多讀者已經忘記或忽略這個詞的原意了：同溫層是氣象學名詞，現改稱為「平流層」(stratosphere)。大氣層中，自地面至上空約 15 公里稱「對流層」，位於對流層之上到 50 公里的高度就是平流層，氣流平穩，溫度相對穩定，空氣不會上下對流，長程飛機多飛行於此區；往上至頂部，含較高濃度臭氧，因吸收短波紫外線，溫度隨高度遞增，一般稱「臭氧層」，可保護地球生物免受紫外線危害。

　　不過，現在大眾大多把「同溫層」定義為一個與自己擁有相同理念、價值觀或興趣的群體，存在於虛擬網路社群、現實生活。要理解同溫層，我們可以先來看看它的英文用語：回音室 (echo chamber)、過濾氣泡 (filter bubble)。「回音室」顧名思義就是一個會不斷聽到回音的房間，意思是在這個群體當中，當你發聲就會不斷聽到回音，也就是其他能呼應自

己想法的人。「過濾氣泡」的意思是人活在一個能夠過濾外界訊息的氣泡當中，只會接收和自己契合的聲音，不契合的會自動被過濾掉。

同溫層可以是人自發性的創造，也就是自己選擇性的接納理念相同者、排除理念不同者；同溫層也可以是被他人操弄的，現代的網路社群與媒體有許多的潛在設計，會讓使用者看到他想看到的內容，自動幫人過濾掉可能與他理念不同者的意見。

不論同溫層產生的原因為何，它都強化了人在心理上原本就有的「否認」與「合理化」兩種心理防衛機制。「否認」(denial)：拒絕承認這世界存在著不同的聲音；「合理化」(rationalization)：通過似乎有理但實際上站不住腳的理由，來為其難以接受的情感、行為或動機辯護——同溫層可能會因此而限制人拓展視野。

你是否曾想過為何你的網路社群，總是只有部分的人會對你的發言按「讚」或留言回應呢？其實這也是你身處於同溫層的概念之一喔！

搭配成語 ↗

①同心同德

指思想信念一致。近一心一德。反離心離德。〔尚書‧秦誓：受有億兆夷人，離心離德。予有亂臣十人，同心同德。〕

②英雄所見略同

指有才識的人其見解大致相同。〔三國志‧蜀書‧龐統傳‧裴松之注引江表傳：天下智謀之士，所見略同耳！〕〔宋‧高斯得‧莫恃勢行：奇哉天下士，英雄見略同。〕

③**一拍即合**

手一拍就合乎樂曲的節奏。比喻人與人或人與事物（多指思想觀念）一湊在一起就融洽一致。〔清・李綠園・歧路燈・第十八回：君子之交，定而後求；小人之交，一拍即合。〕

④**志同道合**

志向相同，信仰相合。形容彼此理想、志趣一致。近志趣相投。反各行其是。〔三國・魏・曹植・陳審舉表：及其見舉於湯武、周文，誠道合志同，玄謨神通。〕〔宋・陳亮・與呂伯恭正字四首（其二）：天下事常出於人意料之外，志同道合，便能引其類。〕

⑤**有志一同**

志趣相同而做同樣的事；志趣相同而一起行動。近志同道合。反分道揚鑣。

⑥**眾口一詞**

眾人都說一樣的話。指大家的意見一致。也作「眾口同聲」。近異口同聲。反各執一詞。〔明・瞿佑・歸田詩話・卷上・鼓吹續音：世人但知宗唐，於宋則棄不取。眾口一辭，至有詩盛於唐壞於宋之說。〕〔清・錢彩・說岳全傳・第五十九回：眾口同聲攀留元帥，哭聲震地。〕

⑦**呼朋引類**

招引同類的人聚集一起。原用為貶意，有「同惡相濟」之意。現則不限於此，有「招引同伴」之意。也作「呼朋引伴」、「引類呼朋」。〔宋・

歐陽脩・憎蒼蠅賦：奈何引類呼朋，搖頭鼓翼。〕〔清・紀昀・閱微草堂筆記・灤陽續錄三：比至日暮，有數狐醉倒現形，始知其呼朋引類來也。〕

⑧**互通聲氣**

指互通消息或看法一致。近呼朋引類。〔易經・乾卦：同聲相應，同氣相求。〕

48 共生共榮的
同儕學習

共生效應、榮譽感效應、大魚小池效應

同儕學習 (peer learning) 就是在學習過程中，經由與其他同學或同輩互動，進而增進彼此學習效率的學習模式。我們大部分在學校、才藝班、社團等的學習活動，都有同儕一起上課，這就是同儕學習。同儕學習對於學習效率的提升並非只是單純的坐在一起上課，更重要的是藉由同儕間的互相

鼓勵、互助合作、彼此競爭、教學相長等，促進學習動機與成效。

在自然界有一種現象，如果土地上只有一棵樹木，它會長得比較矮小；但如果是與眾多同種類的樹木在同一塊地上生長，每一棵樹木都會長得更加高大。生物學家把這樣的現象稱為「共生效應」(symbiotic effect)；在人類社會中，這樣的共生效應也同樣存在，也符合同儕學習所帶來的成效：一起學習勝過獨自學習。

許多家長會為了孩子就讀的學校傷透腦筋，想盡辦法要讓孩子進

明星學校或明星班級讀書，除了師資以外，學生的素質也是家長的考量。班上有成績、品格良好的同學，似乎可以為孩子帶來好的影響。但究竟讓孩子在一群優秀的同學中學習是好還是壞，卻有兩極的論點：

一、榮譽感效應 (reflected-glory effect)：指的是在一群優秀的同學當中，孩子會感覺到榮譽感，那是一種與有榮焉的感覺 (basking in reflected glory)，把群體或他人的榮耀看做自己的榮耀，進而提升自信心，也加強自己求進步的動機。榮譽感效應在任何團體裡都可能發生，也會發生在父母與小孩的互動上，因此小孩考試第一名，父母也覺得自己很棒（即使父母壓根沒幫助小孩學習）。

二、大魚小池效應 (big-fish-little-pond effect)：指的是優秀的學生（大魚）在普通的學習環境（小池）會有較高的自我認同與自信心；不論在國外或臺灣，大魚小池效應都經過研究證實其影響力，兩個具備相同能力的學生，在高能力學校的學生比在低能力學校的學生具備較低的學業自我概念，也就是在優秀的同學當中，會有低估自己能力的情況，甚至感覺自卑。因為競爭總是有輸有贏，與優秀的同學一起競爭，難免會有不如人之處，較常產生挫折感。而在小池子裡的大魚反而過得輕鬆自在，正印證了俗話說的「寧為雞首，不為牛後」的道理。

不論是榮譽感效應，還是大魚小池效應，都是可以在同儕學習中發現的現象，當然，對於不同的孩子而言，哪一個效應的影響力較大也就因人而異了。不過同學在一起學習，也經常會出現「同儕壓

力」，同儕壓力又有怎樣的影響呢？請進一步參閱〈照章行事的同儕壓力〉篇。

≫ 延伸連結

編號 49│照章行事的同儕壓力

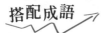
搭配成語

① 三人行必有我師

三人同行，其中必有人可做我的老師。說明隨時隨地都有可以學習的人。〔論語・述而：子曰：「三人行，必有我師焉，擇其善者而從之，其不善者而改之。」〕

② 良師益友

能給人教益和幫助的好老師、好朋友。也作「賢師良友」、「良朋益友」。⊗酒肉朋友；狐群狗黨。〔論語・季氏：益者三友。〕〔漢・劉向・說苑・談叢：賢師良友在其側，詩書禮樂陳於前，棄而為不善者，鮮矣。〕〔清・彭養鷗・黑籍冤魂・第二十回：天下這等人卻也不少，雖然有那良師益友，苦口婆心的規勸，卻總是耳旁風。〕

③ 教學相長

教與學兩者之間可以促進彼此的成長。長，成長。⊗相輔相成。〔禮記・學記：是故學然後知不足，教然後知困。知不足然後能自反也；知困然後能自強也，故曰教學相長也。〕

④<u>孟母三遷</u>

孟子的母親三次遷居。形容家長為教育子女而選擇良好的學習環境所花的苦心。〔漢・劉向・列女傳・母儀・鄒孟軻母傳記載：孟子小時家住墓園旁，見慣了下葬祭拜的事，跟孩童遊玩時也學著做，孟母見了就說：「這裡不是居住的好地方。」接著搬到市集旁，孟子見慣了叫賣交易，遊玩時又跟著做，孟母又說：「這也不是居住的好地方。」最後搬到學校旁，在耳濡目染下就跟著禮節進退應對，孟母說：「這裡可以居住啊！」於是便定居下來。〕

49 照章行事的同儕壓力

同輩壓力、從眾心理

　　同儕壓力 (peer pressure) 又稱「同輩壓力」，是指個體在年紀相仿、階級相近或性質相當的團體當中，受到來自於團體對於其行為、態度或價值觀的影響力。受到同儕壓力的個體為避免因抱持與眾不同的想法遭團體排斥，可能接續著會出現「從眾心理」，為取得團體認同而改變個體原有的行為、態度或價值觀。

　　同儕壓力與從眾是一體的兩面，經常同時出現，前者指的是由團體同化個體的影響力，後者則是個體對團體同化的接受。只不過當人面對同儕壓力時，最後的決定未必是從眾的，畢竟在民主的政治體制下，大部分的團體都非一言堂式的，每個人都無疑異的認可相同的價值或決策。

　　過去，同儕壓力被認為是人因害怕被同伴排擠而放棄自我，做出順應別人的選擇，是一種負面評價的名詞，例如某學生在一個班級當中，當大部分的同學聯合霸凌某位被孤立的同學時，在同儕壓力情況下被迫也跟著參與霸凌他人的行為。但現在，同儕壓力同樣的也可以被認為是一種能鼓勵一個人為了遵守團體內部的規範與秩序而做的正面改變，例如一個原本對讀書沒興趣的學生，因某種正向的原因加入了讀書分享社團，在同儕壓力下開始「被迫」看書，漸漸地也喜歡上閱覽群書。

　　此外，同儕壓力也常被使用在非團體內的壓力。最常見的是一個

人發覺自己的同輩親友（例如堂兄、表妹、青梅竹馬等等）的成就比自己高時，會企圖迫使自己發奮圖強，這種情況也被稱為同儕壓力（或同輩壓力）。

不論同儕壓力如何引發，這樣的壓力是人從小就感受得到的。有研究指出，比較嬰兒個別扶養與集體扶養的差異，會發現集體扶養的嬰兒們平均學會爬行的時間比較短——當其他嬰兒看到有人已經開始爬行時，每一個都想急起直追開始練起爬行了！很有趣吧？

⁂ 延伸連結

編號 50｜群起而行的從眾力量

①見賢思齊

見到賢德的人就想向他看齊。賢，賢能；有才德的人。齊，看齊；學習。㊄善與人同。㊆嫉賢妒能。〔論語・里仁：見賢思齊焉，見不賢而內自省也。〕

②隨波逐流

順著波浪漂流。比喻沒有主見，容易受外界影響，跟著別人行動。㊄與世浮沉；亦步亦趨。㊆特立獨行；標新立異。〔宋・孫奕・履齋示兒編・鄉原：所謂鄉原，即推原人之情意，隨波逐流，佞偽馳騁，苟合求媚於世。〕

③近朱者赤，近墨者黑

靠近朱砂容易染成紅色，靠近黑墨容易變成黑色。比喻人容易受到環境的影響而改變習性。朱，朱砂。紅色顏料。㊄潛移默化。〔晉・傅玄・太子少傅箴：夫金木無常，方圓應形，亦有隱括，習以性成，故近朱者赤，近墨者黑。〕

④迎頭趕上

奮起直追，趕上他人。㊄急起直追；奮起直追。

50 群起而行的
從眾力量

從眾效應、樂隊花車效應、羊群效應、跟尾狗效應

　　從眾 (conformity) 是指在人類社會中，個人的思想與行為常會不自覺的接受群體的影響而趨向一致性。從眾，基本上是群聚性的動物與生俱來的天性，就像一隻小羊剛出生，不懂得趨吉避凶，牠的本能告訴牠：「當整個羊群往哪邊走，我就往哪邊走。跟著走可能會走到更茂盛的草原、或者可以避開狼群」，也因此出現了「羊群效應」(herd behavior; the effect of sheep flock) 這個別稱。

　　也因為在群體中，個人容易受到多數人一致性思想或行動的影響，從而跟隨多數人的思想或行為的習慣性，影響力之大，在社會中的許多層面被應用，稱之為「從眾效應」，英文原名叫「樂隊花車效應」(bandwagon effect)。樂隊花車效應這名稱，源自於當街上有樂隊花車的遊行時，眾人的焦點都會放在花車上，任何人只要跟著走進遊行隊伍當中、跳上花車、隨著音樂擺動，不用花力氣走路就能輕鬆得到注目、又能享受音樂。我們常說的「跟風」就是這個意思。而另一個名稱「跟尾狗效應」的意思和羊群效應一樣，狗只要跟著人走就行了，不需要知道要往哪裡走。從眾除了來自於個體自身的意願外，也有可能來自於外界的壓力，如同儕壓力。

　　從眾心理對於社會來說有好的一面，也有不好的一面：不好的一面就如同前面舉的例子，一味跟風卻不經獨立思考，結果常會造成「盲從」或「迷信」。而好的一面則是這樣的效應維持了許多社會的秩序與

潛規則。例如，參觀某家新開的精品店時，發現店門口外面排了長長的隊伍，你不需要多問就知道自己想進去得先排隊；相反的，發現店門口外人人搶破頭的想擠進店裡頭，排隊的話不就傻了嗎？你當然跟著大伙兒擠進去啊！──這就是從眾心理。

從眾效應在現代被應用得最廣的領域有兩個：政治活動與商業行為。因此不論政治人物或商業行銷都會著重在如何將自己要推銷的理念或商品藉由從眾效應得到最多人的響應。你是否曾經在投票過後反省著自己為何當初如此激情的討論政治議題？或者是否曾經在跟著同事團購之後，又開始後悔當初為何一股腦地跟著大家，去買那些原本沒想過會去買的商品呢？人在群體社會中，真的很難抗拒樂隊花車的吸引力啊！

∴ 延伸連結

編號 49｜照章行事的同儕壓力

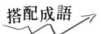

①三人成虎

只要有三個人說市集上有老虎，大家就會信以為真。比喻謠言經一再傳播，足以惑亂聽聞。也形容謠言的可怕。近以訛傳訛；眾口鑠金。〔韓非子・內儲說上：龐恭曰：「夫市之無虎也明矣，然而三人言而成虎。」〕

②人云亦云

別人怎麼說，自己也跟著怎麼說。形容人沒有主見，只會附和別人。云，說。近拾人牙慧；鸚鵡學舌。反別出心裁；自出機杼。〔金・蔡松年・槽聲同彥高賦：糟床過竹春泉句，他日人云吾亦云。〕

③隨聲附和

別人怎麼說，自己就跟著那麼說。比喻沒有主見而盲目跟從。近人云亦云；鸚鵡學舌。反擇善固執；獨排眾議。〔漢書・楚元王傳：或懷妒嫉，不考情實，雷同相從，隨聲是非。〕〔宋・魏了翁・鶴山集・直前奏六未喻及邪正二論：言慮所終，事惟其是，而豈肯隨聲附和，以僥倖萬一乎！〕

④**鸚鵡學舌**

像鸚鵡一樣模仿人家說話。比喻人沒有主見，人云亦云，毫無新意。
近人云亦云；隨聲附和。反自出機杼；推陳出新。〔釋道原・景德傳燈
錄・越州大珠慧海和尚：如鸚鵡學人語，話自語不得，為無智慧故。〕

⑤**群起效尤**

大家紛紛仿效某種錯誤的行為。效尤，仿效錯誤。也作「起而效尤」。
〔左傳・莊公二十一年：鄭伯效尤，其亦將有咎。〕〔清・劉錦藻・清
朝續文獻通考・選舉考六：英、法既開先例，各國群起效尤。〕

51 水花泛起的 漣漪效應

情緒感染

　　漣漪效應 (ripple effect) 原本是描述一個事件造成的影響逐漸擴大的情況，就像物體落入水中，在水面上激起一波波逐漸擴大的漣漪。而在心理學上，漣漪效應指的是在團體當中，一個人的情緒會逐漸擴散到他人身上，也就是所謂的「情緒感染」(emotional contagion)。尤其是當團體在激動的狀態下，一個原本不激動的人進入這團體時，也容易在不明瞭前因後果的情況下受到眾人情緒的影響而跟著激動起來。

　　由於在團體當中任何一個人的情緒都可能擴大感染到每一個人身上，美國教育心理學家柯寧 (Jacob Kounin) 把「漣漪效應」運用在老師對學生的獎懲上。當學生做出好的表現、正確的行為時，老師會希望藉由獎勵個人來達到激勵所有學生的效果；當學生做出不好的表現、偏差的行為時，老師也會希望藉由懲罰來矯正這個學生，並且讓其他學生也從中得到警惕。然而，在教室裡學生間情緒感染所產生的漣漪效應，可能會導致正向的結果，也可能導致負向的結果。

　　柯寧發現，老師管教的態度越明確、獎懲的標準越清楚、情緒堅定，他教導的學生就會越守規矩；相反的，如果老師管教的態度游移不定、獎懲的標準寬鬆不定、情緒易怒，或者老師在懲罰學生時容易表露出憤怒表情及批判性的強烈言論（例如人格上的侮辱），非但難以管教該名學生，而且其他學生也容易出現對該名學生的同情，經常會導致全體學生的不安與反感，反而無法得到警示的作用，也會減弱將

來老師對學生們的影響力。漣漪效應也會因為被獎懲的人不同而得到強度不一的效果，因此老師們在面對領導型的學生要更加注意，特別在矯正偏差行為的懲罰方式上要更加細膩，才不會讓其他學生因此而反抗。

此外，如果在課堂上一名學生不斷說話吸引老師注意，而老師一直將精力花在該名學生身上，漣漪效應的結果可能會導致其他學生也開始仿效以吸引老師注意；如果老師刻意的忽略該名學生，將注意力放在其他認真聽課的學生身上，反而會讓該名不專心的學生安靜下來。

除了在課堂上的漣漪效應外，在其他的社群團體，以及社會的各種活動當中，也經常可以發現漣漪效應的影響力──我們可以注意到政府機關及司法單位在面對特定人物、特殊團體時總有特別的處理方式，這樣才不會讓一顆石子所產生的漣漪擴大成巨浪啊！

搭配成語

①群情激憤

眾人情緒激動、憤慨。⑨氣憤填膺。⑰忍氣吞聲。

②潛移默化

指人的思想、性格、習慣無形中受到影響而產生變化。原或作「潛移暗化」。⑨耳濡目染。〔北齊・顏之推・顏氏家訓・慕賢：潛移暗化，自然似之。〕〔明・呂坤・呻吟語・治道：故為政不能因民隨時，以寓潛移默化之機，輒紛紛更變，驚世駭俗。〕

③推而廣之

推論、推展開來，使其範圍、作用等擴大。也指從一件事推及其他。
〔南朝‧梁‧蕭統‧文選序：風雲草木之興，魚蟲禽獸之流，推而廣之，不可勝載矣。〕

④以儆效尤

警告犯同樣錯誤的人。指嚴厲懲罰犯錯者，使其他人知所警惕，不敢再犯。儆，音ㄐㄧㄥˇ。告誡；警告。效尤，音ㄒㄧㄠˋ ㄧㄡˊ。效法錯誤行為。⑩懲一警百。〔左傳‧莊公二十一年：鄭伯效尤，其亦將有咎。〕
〔清‧李綠園‧歧路燈‧第九十三回：自宜按律究辦，以儆效尤。〕

⑤懲一警百

懲罰一人以警戒眾人。警，也作「儆」。也作「殺一警百」。⑩殺雞儆猴。〔漢書‧尹翁歸傳：以一警百，吏民皆服。〕〔明史‧黃道周傳：陛下欲剔弊防奸，懲一警百，諸臣用之以借題修隙，斂怨市權。〕

⑥殺雞儆猴

比喻懲罰一個人以警戒其他的人。也作「殺雞警猴」。⑩以儆效尤。
〔清‧李伯元‧官場現形記‧第五十三回：拿這人殺在貴衙署旁邊，好教他們同黨瞧著，或者有些怕懼。俗話說得好，叫做「殺雞駭猴」。拿雞子宰了，那猴兒自然害怕。〕

⑦賞罰分明

獎賞和懲罰的標準很清楚。⑩賞罰嚴明。⑰賞罰不公。〔漢書‧張敞傳：敞為人敏疾，賞罰分明，見惡則收。〕

52 大爆冷門的 聽眾效應

社會促進、社會抑制

你知道有許多的運動員，當身旁有啦啦隊或觀眾的鼓舞時，會做出超乎平常一個人練習時的表現嗎？這就是「聽眾效應」（audience effect）的影響。聽眾效應指的是人在獨自一人與處於群體中會有不同的表現。最早有心理

學家發現，自行車運動員與其他運動員一同練習時，會比個別的練習騎得還要快；而在孩童的學習上也可以發現，幾個小孩一起做勞作，會比個別做勞作來得漂亮且快速。

像上述的例子，在眾人面前表現得比平常更好的情況，也稱為「社會促進」(social facilitation)，來自於群體或環境給予個人的無形壓力，讓人不自覺的表現得更好，我們常說的「比賽型選手」通常就是這個樣子。

但是同樣是在眾人面前，有時候反而表現得比平常差，這樣的情

況稱為「社會抑制」(social inhibition)，這是聽眾效應所帶來的負面影響，和「社會促進」恰恰相反。

　　同樣是聽眾效應，為什麼可能出現正面的社會促進、也可能出現負面的社會抑制呢？這其實和人在壓力狀態下的表現有關：人在中度（適度）壓力的情況下表現最好，而在低度壓力及高度壓力的情境下表現反而較差。研究顯示當要做比較的事務難易度不同時，聽眾效應就會帶來不同的結果：當個人要做的是平常就非常駕輕就熟的事務時，在眾人面前常會表現得更好，因為壓力尚可，所以得到社會促進的效果；但是當個人要做的是不熟悉的事務時，在眾人面前常會表現得更差，因為不熟練所帶來的壓力很大，於是得到社會抑制的效果。

　　咦？「聽眾效應」和另一個「觀察者效應」（霍桑效應）是一樣的嗎？聽眾不就等於觀察者嗎？雖然兩個同樣是指個體在別人看他的情況下做出和平常不同的表現，但兩者指的是不同的他人對個體的影響力：「觀察者效應」來自於個體自身的意識，也就是「因為有人在看我，所以我要更賣力演出」的有意識的改變；而聽眾效應則是無意識的、潛移默化的改變，個體自然而然表現的與平常不同，於是運動員、表演者或政治人物就會有「在這樣的氣氛下特別有勁」的感覺與表現了！

≫ 延伸連結

編號 30｜千斤重擔的壓力
編號 77｜群情激昂的霍桑效應

搭配成語

①出乎意料

超出料想；完全料想不到。也作「出乎意料之外」。近意料之外。反不出所料；果不其然。〔清‧李百川‧綠野仙蹤‧第十七回：文煒將劉貢生等借約二張揀出，支付文魁；文魁喜歡得心花具開，出乎意料之外。〕

②出人意表

出人意料之外。表，外。近始料未及。反意料之中。〔南朝‧宋‧何法盛‧晉中興書：祖逖為東海王越典兵參軍，智出人表。〕〔陳書‧袁憲傳：憲常招引諸生，與之談論，每有新議，出人意表，同輩咸嗟服焉。〕

③不負眾望

沒有辜負眾人的期望。近不負所托；不辱使命。反大失所望；無功而返。

④不期然而然

沒有期待如此而竟然成為如此。期，希望。然，這樣。近始料未及。反意料之中。〔宋‧鄭樵‧與景韋兄投宇文樞密書：蓋磁石取鐵，以氣相合，固有不期然而然者。〕

⑤**大爆冷門**

出現與預期大不相同的結果。冷門，比喻不受重視的事物或行業。⑭出乎意料；出人意表。⑰果不其然。

⑥**跌破眼鏡**｜ㄉㄧㄝˊ ㄆㄛˋ ㄧㄢˇ ㄐㄧㄥˋ

比喻出乎意料。⑭出乎意料；始料未及。⑰可想而知。

53 壁壘分明的偏見與歧視

刻板印象、種族主義、性別主義

　　偏見 (prejudice) 是指個人用主觀的認知、缺乏事實依據的態度，對於特定群體抱持著非理性的刻板印象，而這些刻板印象大多帶有負面的評價（偏惡），僅少數的偏見賦予正面評價（偏愛）。例如臺語把肥胖的人稱為「大塊呆」，意思是「胖的人也是笨的」，這就是對肥胖者的偏見；在沒有 3C 產品的年代，「戴眼鏡的小孩聰明有學問」也是一種偏見。雖然偏見可能存在於個人，但多數的偏見源自於整體的社會文化，因此偏見的研究是屬於社會心理學的範疇。

　　歧視 (discrimination) 是偏見的具體化表現，將偏見的態度藉由語言或行為表現出來。偏見是心理運作的想法，通常不易直接被察覺，但透過歧視的表現可以一窺偏見的存在，然而偏見也不必然會引發歧視。

　　最廣為人知的偏見與歧視是「種族主義」與「性別主義」：

一、種族主義 (racism)：任何根據人的膚色或血源改變其態度與行為的現象。例如黑人在美國至今仍因偏見而受到各種不同的歧視，雖然美國近世紀努力消弭這樣的偏見，也即便黑人已曾經當選為美國的總統，當社區中有暴力事件發生時，黑人仍被列為首要的嫌疑對象。又例如在臺灣，大眾普遍認為原住民一定擁有很好的運動神經與美妙的嗓音，這是讚美，卻也同樣是種族主義下的偏見。

二、性別主義 (sexism)：任何根據人的性別而改變態度與行為的現象。性別主義的影響範圍極為廣大，多數歷史上的民族與文化將男性視為主體，因此在普世價值、社會期待及語言內容（如成語）經過世世代代的教育傳承下來的同時，性別主義的偏見也會跟著流傳下來成為多數社會文化的一部分。例如「男生是理性的、女生是感性的」、「男生愛哭羞羞臉」、「女生要溫柔婉約」、「男主外女主內」等等，這些都是我們從小在家庭教育中就接收到的偏見觀念。

社會上許多的偏見，是源自於不合理的「社會期待」。在多元的現代文明中，我們必須擺脫這些偏見，才能免除「我歧視你不會讀書、你歧視我不會打球」的對立產生！

≫ 延伸連結

編號 36｜全然不同的角色

搭配成語

①自以為是

自以為是正確的。指主觀、不接受建議。近剛愎自用。反虛懷若谷。〔孟子・盡心下：自以為是，而不可與入堯舜之道，故曰德之賊也。〕

②一概而論

全部用同一個標準來看待事物。概，古代量米麥時用來刮平斗斛的器具。一概，指同一個標準。近一筆抹煞。〔晉・王羲之・草書勢：百體

千形而呈其巧，豈可一概而論哉！〕

③以人廢言

因為不喜歡某人，便不採納他的言論或意見。以，因為。廢，否定；
捨棄。近以貌取人。反量才錄用。〔論語‧衛靈公：君子不以言舉人；
不以人廢言。〕

④壁壘分明

形容兩軍對立，界限清楚。壁壘，軍營周圍的防禦建築。比喻對立事
物之間的界限。近楚河漢界。〔史記‧黥布列傳：深溝壁壘。〕

54 佛要金裝的外貌魅力偏見

美就是好現象、光環效應、畢馬龍效應

你也是「外貌協會」的成員嗎？這篇要介紹的外貌魅力偏見 (physical attractiveness stereotype)，正是人之所以常常以貌取人的原因。

「外貌魅力偏見」是心理學的一種刻板印象，也可以算是一種光環效應 (halo effect)：當人們看到外貌姣好的人時，會認為他同時也擁有其他美好的特質，例如成功、善良、聰明、快樂等等。這也被稱為「美就是好現象」(what-is-beautiful-is-good phenomenon)，顧名思義就是人天生會傾向於把美的人事物想成是好的。

有些學者認為「外貌魅力偏見」來自於帶有偏見的教育過程，從小孩看的圖書插畫、電視電影動畫，到大人看的傳統戲曲、神話藝術品，當中大多數善良或正義的男女主角都是帥氣挺拔、美麗動人的；而反派角色則通常是獐頭鼠目或虎背熊腰，奇醜無比。雖然近幾年來有許多的故事與動畫逐漸有較多「高富帥的壞蛋」及「相貌普通甚至醜陋的好人」角色，但在比例上仍屬少數——畢竟父母和老師還得教孩子們「善良就是美」的道理，即便美與醜本身是帶有偏見的評斷標準。

然而也有研究發現，外貌的確與收入、自信、人際關係等有正面的關聯性。當人們覺得外貌美麗的人很好的時候，人們給予這些美麗的人更多的鼓勵與機會；而這些美麗的人則因為他人的鼓勵與認可而努力讓自己變得更好 —— 這就是所謂的畢馬龍效應 (Pygmalion effect)。不過也因此更加深了「美就是好」的刻板印象了。

　　在澳洲，曾以校內老師的評分標準為研究項目，結果發現即使兩個學生交同一份作業，老師給予的評分還是會有不同：平時被認為是聰明的、相貌端正的、和老師的種族膚色相同的學生，分數較高。由此可知人類世界裡到處存在著偏見。因此，許多的重要考試都採不記名，改用准考證號碼來代表考生（姓名），正是為了減少這樣的偏見以保持公平。

　　雖說如此，在很多比賽場合中就很難擺脫「外貌魅力偏見」的影響了。你是否曾經想過，為什麼許多競賽，如花式溜冰、韻律體操、舞蹈比賽等，冠軍總是集美貌與技巧於一身呢？

≫ 延伸連結

編號 55｜月亮好圓的光環效應
編號 76｜美夢成真的畢馬龍效應

搭配成語

①以貌取人

以容貌來評斷人。〔反〕量才錄用。〔史記‧仲尼弟子列傳：孔子聞之，曰：「吾以言取人，失之宰予；以貌取人，失之子羽。」〕

②白馬王子

騎著白馬的王子。指少女心目中愛慕的理想對象。此語源自西方童話故事，如《白雪公主》、《灰姑娘》等，有一定型化的角色，一位騎著白馬、英俊瀟灑的王子，總會適時出現解救受困的美麗公主。

③吹氣如蘭

形容美女的氣息如蘭花一樣芳香襲人。〔戰國・宋玉・神女賦：陳嘉辭而云對兮，吐芬芳其若蘭。〕〔漢・郭憲・洞冥記：帝所幸宮人，名麗娟，年十四，玉膚柔軟，吹氣勝蘭。〕

④虛有其表

空有美好的外表而沒有充實的內涵。㊄名不副實。㊃表裡如一。〔唐人鄭處誨《明皇雜錄・卷下》記載：唐玄宗很器重蘇頲，想用他為相，就召蕭嵩來擬詔書。寫好後，因為裡面有一句「國之瑰寶」的「瑰」字犯了蘇頲父親的名諱，玄宗要蕭嵩把「瑰」字改掉，蕭嵩因為慚愧緊張而汗流滿身，久久不能下筆。玄宗以為耗時許久，一定改得非常周密，便靠近去看，不料只改成「國之珍寶」而已。等蕭嵩告退後，玄宗把草詔扔在地上說：「不過是虛有其表而已！」原來蕭嵩身材高大，相貌威武，所以玄宗這麼說他。〕

55 月亮好圓的 光環效應

成見／偏見、初始效應、尖角效應

　　光環效應 (halo effect) 又稱「暈輪效應」，廣泛而論也可以稱為「成見效應」，是指人以對他人的部分好印象為根據，擴展成對他的整體認知，結果造成對他人的評價失準、過高的情形。光環效應其實常造成人對於他人判斷錯誤、觀感偏差，也就是出現「成見」，與因第一印象而產生的「初始效應」有點類似，只是光環效應相對於初始效應而言，影響通常是持續而較為長久的。

　　什麼是光環呢？當你抬頭看月亮時，偶爾會發現月亮外圍閃著一圈月暈，這圈月暈會讓人有月亮看起來比較大的錯覺，而月暈的英文就是 "halo"。在動漫或電影裡頭，當英俊挺拔的王子與美麗動人的公主出場時，常會在他們身上加上閃亮亮的光芒特效，這類特效正是光環效應的一種應用。對於許多追星族而言，他們的偶像全身有如發射出光環，舉手投足都是帥氣、美麗的，即便是睡著流口水的醜樣被拍下上傳，粉絲們也覺得自然可愛；光環效應再更強些時，即使偶像做了一般大眾認為失禮甚至錯誤的示範，粉絲們還是能夠原諒並接受他。

　　因為光環效應，通常是指讓人因為一個顯而易見的好特質、好印象，而產生對方整體特質都是好的成見，算是一種名過其實的偏見。與光環效應相對應的是「尖角效應」(horn effect)，指的是人因為對方的部分缺點或犯錯，而認定對方整體是不好的錯誤印象。

　　不論是光環效應或是尖角效應，都是我們在日常生活中經常犯的

偏見經驗。許多家長一聽到自己的小孩跟成績好的同學一起玩就覺得很放心，覺得成績好的同學一定很乖；相反的，如果小孩跟成績差的同學處在一起，就開始擔心成績差的同學會把小孩給帶壞了——這就是成見效應帶來的偏差印象。記得不要讓成見影響了你對他人的看法，要隨時留意自己是否一不小心就把標籤往他人身上貼喔！

❯❯ 延伸連結

編號 71 ｜ 事半功倍的初始效應

搭配成語

①瞎子摸象

佛家指眾生不明佛性，有如瞎子摸象，不能了悟。後來用於比喻只知部分，不知全體；或對事物未作全面了解而各有所執。近一孔之見。

反全盤了解。〔《大般涅槃經・卷三二》記載：幾個盲人各自去摸大象，有的摸到耳朵，有的摸到肚子，他們都認為自己摸到的那一部分就是大象。〕

②一孔之見

透過小孔所見到的事物。比喻見識狹窄。近井蛙之見。反高瞻遠矚。〔漢・桓寬・鹽鐵論・相刺：通一孔，曉一理，而不知權衡，以所不睹不信。〕

③一葉蔽目，不見泰山

比喻被局部現象所迷惑，因而看不清全局或找不到問題的根本。反見微知著。〔鶡冠子・天則：夫耳之主聽，目之主明。一葉蔽目，不見太山。〕

④以管窺天

從竹管的孔來窺看天空。比喻見識狹小。以，用。窺，音ㄎㄨㄟ。從小孔或縫隙中看。近以蠡測海；坐井觀天。反高瞻遠矚；見多識廣。〔莊子・秋水：是直用管窺天，用錐指地也，不亦小乎？〕

56 打得火熱的 名人效應

名人代言、誘惑

　　名人效應 (celebrity effect) 是指有名氣或聲望的人，所造成的吸引目光、引導焦點、增強影響的現象，或者人們追隨名人、模仿名人的心理現象。名人效應在商業行銷、政治宣傳上已被廣泛應用。

　　例如名人代言 (celebrity endorsement) 這件事，許多商品的廣告會請來明星代言，原本沒沒無名的品牌可能會因為穿在明星身上、背在明星肩上、戴在明星手腕上而讓消費者耳目一新。這是因為消費者對於名人推薦的商品，存有愛屋及烏的投射心理反應。而如果這個代言人是不受消費者喜愛、討喜度沒這麼高的名人，反而會出現反效果，商品就滯銷了。這也是為什麼企業找商品代言，十分重視廣告主角的人氣與人品，藉此提高產品的形象好感度。在特定領域中的佼佼者，也容易因為名人效應加持，成為該領域高度指標、精神領袖。

　　名人效應所產生的心理影響和名人與行銷的商品關聯性強弱有

關。例如當年找來美國 NBA 大明星麥可‧喬丹 (Michael Jordan) 掛名的喬丹鞋，麥可穿著鞋上場打球、跳得又高又遠，立刻造成全球球迷的瘋狂搶購，每個人都希望跟他一樣穿上鞋之後不但跳得又高又遠，籃球也能打得更好。但如果麥可代言的是廚具呢？我想他所帶來的名人效應，肯定是比「廚神當道」(Master Chef) 美食節目主持人之一——英國廚師戈登‧拉姆齊 (Gordon James Ramsay) 來得差了！

　　而在政治的宣傳上也同樣會觀察到名人效應。臺灣民眾應該都很熟悉：每年選舉一到，經常可以看見候選人在海報上，與有人氣與聲望的政治明星合照的宣傳手法；在造勢場合上也會邀請政治明星、知名的藝人站臺，幫忙宣傳，加強號召力，讓選民產生「連這號大人物都支持了，我哪有理由不支持」的心理反應，這也是名人效應的實際應用。

　　不過呢，再難看的商品配在帥哥美女大明星身上都會顯著耀眼奪目，但如果配在一般人身上可能成效普普……；名人背書掛保證的劣質商品或偽製品時有所聞；形象好的政治明星所站臺支持的候選人，也不一定就有好的節操。在行銷的心理學上，名人代言也被形容為誘惑 (lure)——也是魚餌的意思——釣魚只要放上對的魚餌，就能吸引魚群上鉤了！大家不要過度迷信名人代言，購物或投票都要保持理性，別被名人效應給矇蔽了喔！

∷ 延伸連結

搭配成語

①登高一呼

喻有人起而倡導或號召群眾從事某件事。近挺身而出。反袖手旁觀。
〔清·李伯元·官場現形記·第六回：一省之內，惟彼獨尊，自然是
登高一呼，眾山響應。〕

②愛屋及烏

比喻因為喜愛某人進而喜愛與其有關的其他事物。反殃及池魚。〔尚書
大傳·卷三·大戰：愛人者，兼其屋上之烏。〕〔三國·魏·王肅·孔
叢子·連叢子下：此乃陛下愛屋及烏，惠下之道。〕

③目迷五色

五色紛呈而使人眼花撩亂。比喻面對外界的誘惑或錯綜複雜的情況而
迷惑不清。五色，青、紅、黃、白、黑五種顏色。近眼花撩亂；目眩
神迷。〔老子·十二章：五色令人目盲；五音令人耳聾；五味令人口
爽。〕〔宋·吳潛·水調歌頭：卻笑當年坡老，過眼翻迷五色，遇合古
難之。〕〔明·沈德符·萬曆野獲編·國師閱文偶誤：蓋文字至此時，
已無憑據，即蕭、劉兩法眼，亦目迷五色矣。〕

57 攻心為上的
消費者心理學

消費行為、外貌魅力偏見、名人效應、對比效應、從眾

　　消費者心理學 (consumer psychology)，顧名思義是在研究社會大眾關於消費購物這件事的學問，特別是針對消費者的「消費行為」(consuming behavior)：人在心理上產生對商品的需求，為滿足需求而產生消費的動機，以實際的消費行為實現動機，最後獲得完成消費目標的體驗。整個消費行為涉及的層面很廣，包括消費者個人的心理特性，也包括社會文化上群體的心理特性，跟企業的行銷策略等也有絕大的關係。

　　消費者心理學理所當然也是企業與商家很重視的一門學問：想把東西賣出去，就得先知道怎麼讓顧客想買你的商品。因此了解消費者消費的每一個環節，例如購物的動機、購物的方式、購物資料的來源、購物的選擇與購物開銷金額的分配等，是一個相當實用的應用心理學學門。

　　你是否曾經看過電視購物頻道的主持人，讓一個普通的商品在短短幾分鐘內創下高額的銷售數字？事實上購物頻道裡充滿著消費者心理學的實際應用，是集合許多心理學效應而應用在行銷上的成果。下面舉幾個例子讓你了解，為何購物頻道總能抓住觀眾的心：

一、外貌魅力偏見 (physical attractiveness stereotype)：購物頻道的主持人大多為帥哥美女，這是因為「美就是好」現象讓人產生

「主持人介紹的一定是好東西」的印象。

二、名人效應 (celebrity effect)：除了主持人，還要找來名人代言，而且名人與產品的關聯性愈強，對消費者的說服力就愈強。例如請棒球國手推薦運動器材、請知名主廚推薦廚具，讓人萌生「想跟名人用相同商品」的欲望。

三、對比效應 (contrast effect)：與其他品牌類似的商品進行對比，比較性能、價格，讓觀眾覺得這個產品的 CP 值遠勝過他牌商品。緊接著再拿自家商品對比：前一代的商品功能如何、最新一代的商品功能如何；過去市面上的售價如何、今天大特價的優惠如何。藉由對比效應製造「買到賺到」的興奮感。

四、從眾心埋 (conformity)：跑馬燈上不斷秀出已經售出幾件商品，於是「這麼多人買了，我買也是應該的！」念頭油然而生。再加上特價的倒數計時、最後僅存幾件商品的數字跑馬燈緊鑼密鼓地跑呀跑……讓觀眾產生 「再不趕快下單就要被其他人買光了！」的急迫感。

　　以上只是幾個與消費與行銷有關的心理學應用，你是否曾受到這些效應的誘惑而衝動消費了呢？

≫ 延伸連結

搭配成語

①三寸不爛之舌

形容口才很好，能言善辯。三寸，形容不長，並非確指舌的長度。原作「三寸之舌」。近舌燦蓮花；能言善道。反笨口拙舌。〔史記・平原君虞卿列傳：毛先生以三寸之舌，彊於百萬之師。〕〔元・關漢卿・關大王獨赴單刀會・第四折：則為你三寸不爛舌，惱犯我三尺無情鐵。〕

②舌燦蓮花

口中能吐出燦爛的蓮花。比喻能言善道。近口若懸河。反笨嘴拙腮。〔南朝・梁・慧皎・高僧傳・佛圖澄：澄知勒（石勒）不達深理……即取應器盛水，燒香呪之，須臾生青蓮花，光色曜日。〕〔明・陳繼儒・小窗幽記・卷九：巧舌吐蓮花之豔。〕

③能言善道

口才好，會講話。也作「能說善道」。近伶牙俐齒。〔元・無名氏・須賈大夫誶范叔・楔子：欲遣一文武全備能言快語之士，往聘齊國。〕

④口若懸河

話語像傾瀉的河流，滔滔不絕。比喻人善於言談，口才絕佳。原作「懸河瀉水」。近能言善道。〔晉・裴啟・語林：吐章陳文，如懸河瀉水，注而不竭。〕〔唐・韓愈・石鼓歌：安能以此上論列，願借辯口似懸河。〕〔宋・趙蕃・贈者英見過題贈六言四首（其一）：鬐曾暇能過我，誦詩口若懸河。〕

⑤攻心為上

指瓦解敵人的鬥志是上等的策略。〔三國志・蜀書・馬謖傳・裴松之注引襄陽記：夫用兵之道，攻心為上，攻城為下。〕

58　互敬互愛的
　　幸福伴侶

衝突解決

　　大文豪哥德 (Goethe) 曾經說過：「愛情是理想的事情，婚姻則是現實的事情。」 ("Love is an ideal thing, marriage a real thing.") 相信有婚姻經歷的讀者必能心有戚戚焉，當兩人的愛情走進婚姻，日常生活中的柴米油鹽醬醋茶很快的取代了戀愛中的風花雪月，成了彼此最重要的話題之一。然而「你家」用的柴米油鹽醬醋茶和「我家」習慣用的柴米油鹽醬醋茶，有極大可能是不同牌子的，於是光是決定日常生活中的柴米油鹽醬醋茶用哪個牌子好，都可以是兩人吵架的導火線。

　　俗諺說：「家家有本難唸的經」，兩個人共處一室，偶有意見不合、爭執吵架是在所難免的，重要的還是兩人能否「床頭吵床尾和」。心理學家高特曼 (John Gottman) 發現幸福愉快的婚姻不一定是兩人每天都和樂融融，他將兩人婚後的關係歸納出五種不同的型態，重點在於雙方在遇到衝突時 ， 如何解決衝突。 前三種他認定為 「幸福伴侶」 (happy couples)；後二種則為「不幸福伴侶」 (unhappy couples)：

一、避免衝突型 (conflict avoiders)：他們很少說服對方接受自己不同的意見，而總是強調彼此的共通點。他們避免衝突、很少讓對方知道自己想要什麼，卻也以彼此的融洽為榮。他們彼此的界限分明、互不侵犯，各自有自己的興趣與交友圈，在獨立與相互依賴上取得了平衡，會互相關懷但也給彼此保留了隱私。

二、**容易爆炸型 (volatile couples)**：幾乎與避免衝突型相反的伴侶，卻意外的也容易有幸福的婚姻。當意見不合時，兩人都是容易情緒化的，他們立即試圖說服對方，並且通常兩人都堅持己見。然而重要的是，雖然兩人喜歡爭辯，在衝突過程中經常會有憤怒與不安全感出現，但他們不會不尊重或輕蔑對方，他們在爭辯的過程當中或許會有笑聲、幽默、自娛娛人。他們對自己和對方誠實，這讓爭辯成為他們最佳的溝通方式。

三、**優良認證型 (validating couples)**：大家夢想中的婚姻，兩人的互動輕鬆、溫和，在許多意見的表達上大多是中立的，能支持與同理對方的觀點，並同情對方的感受。意見相左時也會爭吵，但處理衝突的方式界於前二者之間：大多數的小問題可以避免衝突，只有小部分的重要問題會彼此爭論，但他們可以很快冷靜下來，並妥協出雙方雖不滿意但可以接受的結果。

四、**全然敵對型 (hostile couples)**：兩個人的防禦心都很強，對話經常會出現「你總是……」和「你從來沒有……」的抱怨。在衝突過程中，兩人會反覆重申自己的觀點，但是卻從來不試著理解對方的想法，爭辯中總是伴隨輕蔑與攻擊。

五、**敵對分離型 (hostile-detached couples)**：兩人就像僵持不下的兩軍對戰，沒有哪一方占優勢，兩人都充滿沮喪與孤獨感，分離的氛圍瀰漫在雙方的互動之中。這個類型的婚姻關係比「全然敵對型」更容易走到盡頭，因為「全然敵對型」雖然衝突高但彼此都還能舒解自己的負面情緒，但「敵對分離型」已經自暴自棄，任由負面情緒蔓延。

　　史考比 (Dominik Schoebi) 的團隊研究婚姻的穩定性，發現有兩個維持穩定婚姻關係的重要課題：㈠想繼續這段關係的欲望 (desire to persist)；㈡想保持這段關係的動力 (inclination to maintain)。前者是兩人在春暖花開、關係融洽時，想維持現狀繼續下去的欲望；後者則是兩人在風雨交加、關係緊張時，仍想保持這段婚姻的動力——相信聰明的讀者一定知道，後者才是婚姻能否走得長遠、兩人是否能夠成為幸福伴侶的關鍵。

　　最後，以美國政治家唐納德 (Donald M. Fraser) 曾經說過的一段耐人尋味的話與各位讀者共勉之囉！「一個幸福的家庭是——夫妻雙方都認為對方可能是對的，儘管雙方都不相信對方是對的！」("A happy home is one in which each spouse grants the possibility that the other may be right, though neither believes it.")

搭配成語

①比翼雙飛

如比翼鳥般成雙成對飛翔。比喻夫妻或情侶恩愛相守。近比目連枝。反勞燕分飛。〔韓詩外傳：南方有鳥名曰鶼，比翼而飛，不相得不能舉。〕〔孤本元明雜劇・卓文君・第四折：做神鳳，下丹霄，比翼雙飛上汈寥。〕

②琴瑟和鳴

琴瑟同時彈奏，音調配合和諧。比喻夫妻恩愛和諧。近夫唱婦隨。反琴瑟不調。〔詩經・小雅・常棣：妻子好合，如鼓瑟琴。〕〔明・陳忱・水滸後傳・第十二回：花駙馬在府中與公主琴瑟和鳴，互相敬愛。〕

③鸞鳳和鳴

比喻婚姻美滿、夫妻和諧。也常作為結婚賀辭。鸞鳳，音ㄌㄨㄢˊ ㄈㄥˋ。比喻夫妻。和鳴，共鳴。㊣近鳳凰于飛。㊣反同床異夢。〔元・白樸・唐明皇秋夜梧桐雨・第一折：夜同寢，晝同行，恰似鸞鳳和鳴。〕

④一雙兩好

形容夫妻雙方才貌匹配相稱，感情融洽，有如天生一對。也作「一床兩好」。㊣近天作之合。㊣反分釵破鏡。〔唐・張文成・遊仙窟：一床無兩好，半醜亦何妨。〕〔宋・周煇・清波雜志・卷八：一雙兩好古來無，好女從來無好夫。〕

⑤相敬如賓

形容夫妻和睦，相敬相愛。㊣近舉案齊眉。㊣反貌合神離。〔左傳・僖公三十三年：其妻饁之，敬，相待如賓。〕〔後漢書・逸民傳：居峴山之南，未嘗入城府。夫妻相敬如賓。〕

⑥舉案齊眉

將托盤舉得和眉毛同高。原指妻子對丈夫的尊敬。後用以比喻夫妻恩愛，互相敬重有禮。案，盛食物的有腳托盤。㊣近相敬如賓。〔漢・班固・東觀漢記・梁鴻傳：（鴻）為人賃舂，每歸，妻為具食，不敢於鴻前仰視，舉案常齊眉。〕〔元・關漢卿・感天動地竇娥冤・第二齣：那一箇似孟光般舉案齊眉。〕

59 執子之手的婚姻之道

婚姻斜坡

　　關於婚姻，英國大文豪莎士比亞是這樣說的：「男人求婚時像四月天，結婚後像十二月天；女人少女時像五月天，為人妻後就變天。」("Men are April when they woo, December when they wed; Maids are May when they are maids, but the sky changes when they are wives.") 如果莎士比亞還在世並且把這段文字發表在網路社群上的話，按讚人數肯定是破百萬的了！不知讀者你會不會也想給他一個讚呢？

　　婚姻 (marriage) 是人類特有的文化，其他動物雖然有為了交配、繁衍後代而兩相結合的自然法則，但本質上只有生理上的結合。人類婚姻的主要目的並非為了生理上的結合或滿足性需求，它在本質上是一種承諾與契約，在形式上是兩人心理、生理、與財富上的結合，只是定義在不同時代、不同民族、不同文化、不同地區會有不少差異。

　　雖然在〈日常必要的需求〉與〈心心相印的愛情理論〉兩篇中提到人類有愛與歸屬的需求，婚姻似乎是滿足這方面需求的方法之一，但事實上，人類決定成立婚姻有各式各樣的動機，除了因為愛而結合之外，有些婚姻是為了單純的傳宗接代；有些是為了宗教信仰；有些是為了增加勞動力（如協助家務或農務）；有些是為了照顧幼小或生重病的伴侶（如童養媳）；有些是為了滿足性需求（如搶婚）；有些是為了家族事業的延續（如招贅、指腹為婚）；有些甚至只有型式上而無實質上的兩個人（如冥婚）等等，光是臺灣歷史上就有這麼多種的婚姻

型式，人類結婚的動機可以簡單，也可以是非常複雜的。

關於結婚的男女，不論古今中外都發現有個奇特的「婚姻斜坡理論」(marriage gradient)：這是在大部分的社會文化中，對於婚姻關係中男女兩性的角色期待不同，導致夫妻兩人的社會地位不對等。女性傾向於「上嫁婚配」(hypergamy)——嫁給社會地位、經濟能力、學歷、身高較自己高的男性；相反的，男性則傾向於迎娶社會地位、經濟能力、學歷、身高較自己低的女性，即所謂的「高嫁低娶」，這和中外自古以來的父權主義有關。隨著時代演進，女性接受教育、工作、參與政治等等的兩性平權發展，婚姻斜坡下的男尊女卑已逐漸減少，但也僅增加了較多的「平嫁平娶」而已，「低嫁高娶」的婚姻比例仍低。也因此，不論是在螢光幕前的大明星、或者你我身邊許多條件好的三高（學歷高、收入高、身材高）女性，多不願意「下嫁婚配」(hypogamy)，在適婚年齡時未婚率偏高。

不論婚姻是怎麼開始、兩人的條件各是如何，要怎麼維持而不至於結束卻是每一段婚姻底下相同的課題。在〈處世之道的人際關係〉篇中提到，人與人之間的關係需要藉由三種需求來維持：情感需求、歸屬需求及控制需求，婚姻關係當然也不例外。如果是自由戀愛而結為連理的夫妻，一般來說多因情感與歸屬需求而相愛，但要維持穩定的婚姻關係，關鍵卻經常落在兩人是否能滿足彼此的控制需求上——當雙方意見不合，要聽你的還是聽我的？這就是雙方控制需求上的拔河了！

英國文學家史蒂文生 (Robert Louis Stevenson) 曾說過：「結婚和人生很像，是戰場，而非玫瑰花床。」(Marriage is like life in this—that it is a field of battle, and not a bed of roses.) 當兩個人在婚姻的戰場上出

現衝突時，不同的衝突解決模式將會決定這段婚姻的終點是「幸福伴侶」？或是「不幸福伴侶」？有興趣的讀者不妨可以閱讀〈互敬互愛的幸福伴侶〉篇囉！

∷ 延伸連結

搭配成語

①白頭偕老

祝福夫妻相伴到老的賀詞。偕，音ㄒㄧㄝˊ。共同；一起。近百年好合。〔詩經・邶風・擊鼓：執子之手，與子偕老。〕〔明・陸采・懷香記・第二十三齣：我與你母親白頭偕老，富貴雙全。〕

②永結同心

夫妻間永遠保有相同的心意。多作為新婚賀詞。近愛河永浴。〔南朝・梁・蕭衍・有所思：腰中雙綺帶，夢為同心結。〕〔清・蘇庵主人・繡屏緣・第十二回：化行雲，永結同心帶。〕

③百年好合

永久的好合。指男女結為夫婦。現多用來祝福新婚夫婦永遠和諧恩愛。也作「百年之好」。近天作之合。〔宋・羅燁・醉翁談錄・張氏夜奔呂

星哥：今寧隨君遠奔，以結百年之好。〕

④比目連枝

比喻夫妻相愛，永不分離。比目，指傳說中的魚，只有一隻眼，在海中必須兩魚同游。連枝，枝幹交纏在一起的兩棵樹。近琴瑟和鳴。〔元‧賈固‧小令寄金鶯兒：樂心兒比目連枝，肯意兒新婚燕爾。〕

⑤鶼鰈情深

比喻夫妻恩愛。鶼，音ㄐㄧㄢ。比翼鳥。鰈，音ㄉㄧㄝˊ。比目魚。鶼鰈，比喻恩愛的夫妻。近伉儷情深。〔爾雅‧釋地：東方有比目魚焉，不比不行，其名謂之鰈。南方有比翼鳥焉，不比不飛，其名謂之鶼。〕

⑥伉儷情深

夫妻之間的感情深厚。伉儷，音ㄎㄤˋ ㄌㄧˋ。本指妻子。後用為夫妻的美稱。近鶼鰈情深。〔左傳‧昭公二年：非伉儷也，請君無辱。〕〔清‧吳趼人‧二十年目睹之怪現狀‧第七十回：這太史公倒也伉儷情深，一概謝絕。〕

⑦以身相許

1指女子將一生託付給心愛的男子。近情有獨鍾。〔明‧周楫‧西湖二集‧第十二卷：潘用中看了詩句，方知小姐情意深重、以身相許之意。〕2指投注全部心力在某種事物或事業上。

60 歡喜冤家的愛情解方

愛情啟示錄四騎士

就像英國哲學家培根 (Francis Bacon) 曾經說過的：「愛情常是喜劇，偶爾是悲劇。」("Love is ever matter of comedies, and how and then of tragedies.") 愛情與婚姻並非總能長相廝守一輩子，總有遺憾會發生。

在〈互敬互愛的幸福伴侶〉篇中提到，心理學家高特曼 (John Gottman) 依兩人在衝突解決上的態度將婚姻（情侶）關係分為五種類型，其中「全然敵對型」與「敵對分離型」被他歸類為「不幸福伴侶」，這兩類很容易最終走向離婚／分手。他們的共通點在於兩人在互動當中頻繁的出現「愛情啟示錄四騎士」。

〈啟示錄〉(the Apocalypse) 是天主教《新約聖經》中對世界末日的預警，當中提到的四騎士 (Four Horsemen) 代表了瘟疫、戰爭、饑荒和死亡。高特曼認為在愛情與婚姻的世界中，同樣也有四騎士將帶來兩人關係的末日，它們就是批評、輕蔑、防衛與築牆：

一、**批評 (criticism)**：當意見不同時，對人的批評遠多過對事的抱怨，並且經常出現人身攻擊的言語。這樣的批評不僅是傷害對方、更傷害兩人的關係。

二、**輕蔑 (contempt)**：以不尊重的態度看待對方，言語中充滿鄙視、嘲諷，以肢體或眼神嘲笑對方，讓對方所說的一切變得毫無價值。輕蔑對兩人關係的傷害甚過批評，當對方被貶低的同時，兩人的關係也同樣被貶得一文不值。

三、**防衛 (defensiveness)**：面對指責時，給予的回應總是自我防衛。這在任何人際關係中都是無所不在的，當人感受到不公正的指責時，我們大多會先開始找藉口、裝無辜，好讓對方停止批評。但這樣的作法只會讓對方察覺我們在逃避責任、不認真的看待他們的意見與擔憂。或許批評中止了，但關係的裂痕卻也更深了。

四、**築牆 (stonewalling)**：面對指責時，直接關閉溝通管道，不予任何回應，讓對方講話像在自言自語似的。有些人認為這是處理對方情緒化的理性處理方式，但事實上這是不理性的作法，吵架好過不說話，因為吵架也是溝通的一種方式。拒絕溝通不僅讓對方的情緒無法宣洩，更會在兩人的關係上持續累積壓力。

如果兩人的互動中，經常出現上面這愛情啟示錄的四騎士，那麼兩人的關係極有可能會印證愛情或婚姻的末日預言。那麼該怎麼辦才好呢？下面列出高特曼所提出的四種解方，可以趕走四騎士、拯救兩人的關係：

一、**溫柔的開場（取代批評）**：陳述與抱怨對方行為的不適切，而非批評對方的人格。對話中避免用「你」當主詞，改用「我」當主詞，並且明白表達自己的想法。例如抱怨老公一回家就看電視：
⊗「你很自私欸！你回家只會看電視，從來沒有想過分擔家務事！」
◎「我好累，我希望你回家之後能少看電視，一起分擔家事！」

二、**建立欣賞與尊重的文化（取代輕蔑）**：經常在「小事情」上稱讚與感謝對方，當對方得到的是正面的評價，即使是被指責，也不會有被輕蔑的感受。例如抱怨老公週末忘了清馬桶：

⊗「你又忘了清馬桶！你是懶還是記性太差？！」

◎「我知道你為了這個家工作很辛苦，可能累到忘了清馬桶，以後要記得喔！我和孩子看到乾淨的馬桶都會知道是你的功勞！」

三、承擔責任（取代防衛）：面對指責，如果只是防衛自己沒錯，同時也暗指對方是錯的，這會讓對方更加灰心；如果能勇於面對指責，即使只是承擔下一部分的責任，就可以避免衝突持續擴大，退一步海闊天空。例如回應老婆抱怨看電影遲到了：

⊗「來不及看電影才不是我開車開太慢，根本是你害的！誰叫你換衣服換那麼久！」

◎「你是對的，我也很生氣來不及看電影，但如果我們能早一點出發，也許我開車就不用這麼趕！」

四、自我撫慰（取代築牆）：在衝突中叫暫停！讓雙方都冷靜一下，把快要斷掉的理智線修復好再繼續下去。而這暫停的時間，翻翻雜誌、上個廁所、喝杯水、到陽臺透透氣，只要能夠幫助自己舒緩心情、冷靜下來，要做什麼都可以。例如當老婆碎碎唸你又忘記清馬桶：

⊗「……」（不做任何回應）

◎「親愛的，我很抱歉打斷你，但我想先去倒杯水冷靜一下，你給我幾分鐘，然後我們再談這件事好嗎？」

雖說高特曼在兩人關係上提供了四個解方來取代四騎士，但在現實生活中，沒有人的品德是完美無瑕的，總會有情緒失控到忘了解方、又讓四騎士現身的時候。因此高特曼提出了「魔術比＝5：1」的理論──「5 解方」比「1 騎士」，也就是當你在與伴侶的互動過程中不

小心又讓四騎士跑出來時，每出現一次騎士，你只要能夠應用五次以上的解方在後續的互動，兩人的關係就不致於失去平衡，也不會讓愛情與婚姻往世界末日的方向靠近囉！

≫ 延伸連結

編號 58│互敬互愛的幸福伴侶

①不是冤家不聚頭

不是前世的怨敵，今世也就不會相聚在一起。多用來指彼此有仇怨者偏偏聚在一起或時常碰面。也用來指時常吵架的夫妻或情侶。冤家，宿敵。也用為情人的暱稱。聚頭，聚在一起。近冤家路窄。〔宋‧宗杲‧大慧普覺禪師語錄‧卷三：師云：「讀書人已在這裡，且作麼生與伊相見？」乃顧視左右云：「不是冤家不聚頭。」〕

②歡喜冤家

指既恩愛又常鬧意見、愛爭吵的夫妻或情侶。〔元‧喬吉‧小令贈朱翠英：五百年歡喜冤家，正好星前月下。〕

③同床異夢

睡在同一張床上，做著不同的夢。比喻關係親近卻意見不同或感情不睦。近貌合神離。反心心相印。〔唐‧釋神清‧北山錄‧聖人生：譬同室而異夢，彼夢者不知彼所夢也。〕〔清‧紀昀‧閱微草堂筆記‧槐西雜志一：雖琵琶別抱，已負舊恩，然身去心留，不猶愈於同床各夢哉？〕

④別鶴孤鸞

比喻離散的夫妻。別鶴、孤鸞，即別鶴操、孤鸞操。皆為古琴曲，其
內容、情調反映夫妻離散的哀怨。反比翼雙飛。〔晉・陶淵明・擬古九
首（其五）：上弦驚別鶴，下弦操孤鸞。〕〔唐・楊炯・原州百泉縣令
李君神道碑：琴前鏡裡，孤鸞別鶴之哀。〕

⑤勞燕分飛

伯勞鳥和燕子各自向東西飛去。比喻雙方分別離散，不能相聚。多用
於夫妻、情侶及親友。反形影不離。〔宋・郭茂倩・樂府詩集・東飛伯
勞歌：東飛伯勞西飛燕，黃姑織女時相見。〕

⑥覆水難收

潑出去的水很難再收回。比喻已成定局的事，無法再挽回。常用來比
喻離異的夫妻很難再復合。近破鏡難圓。〔後漢書・光武帝紀上：反水
不收，後悔無及。〕〔後漢書・何進傳：國家之事，亦何容易，覆水不
可收。〕〔唐・駱賓王・豔情代郭氏答盧照鄰：情知唾井終無理，情知
覆水也難收。〕

61　另結新歡的感情背叛

外遇、柯立芝效應

感情的背叛 (infidelity)，也就是對伴侶的不忠誠，俗稱的外遇、出軌 (affair)，是感情世界與婚姻當中最令人心碎不已、黯然神傷的事。因為在感情上對伴侶的背叛，等於忽視了對方在「愛與歸屬感」的需求與「被尊重」的需求，也直接動搖了「愛情三角理論」中的其中一角：承諾。

人類學家海倫‧費雪 (Helen Fisher) 的研究證實，雖然感情背叛會發生在任何一個時代、任何一個地方，但社會文化、個人的社會經濟條件、與心理狀態都將決定感情背叛是否會發生、及發生的頻率高或低，不過在現代幾乎多數人都反對這種念頭與行為。

那麼人為什麼會出現不忠貞背叛另一半的行為呢？在〈小鹿亂撞的愛情生理學〉篇裡我們介紹了神經系統及內分泌系統在愛情裡所扮演的角色，從中我們可以發現一個殘酷的事實：如果單純以生理學及生物學的角度來看，動物的原始本能裡原本就沒有一夫一妻的設定，有的話也頂多在於「養育幼子」的這段時間，雙方的緊密依附有保護幼子成長的作用。但幼子長大之後呢？雙方似乎就沒有白頭偕老的必然性了？

海倫‧費雪也發現感情背叛可能與基因有關。〈小鹿亂撞的愛情生理學〉篇當中也介紹了「催產素」(oxytocin)，它是由大腦下視丘的神經細胞所分泌的，腦內催產素的多寡會影響人對伴侶的忠誠。科學家在某種履行一夫一妻制的田鼠身上做實驗，發現一旦注入抑制催產素

分泌的藥物，田鼠便會開始出現胡亂交配的現象；科學家也在人類身上做實驗，發現對已婚或有伴侶的男性注射催產素，會讓他們對美女的照片興趣缺缺。或許，和感情背叛有關的基因，正是影響催產素的基因也說不定？

在生物學有一個「柯立芝效應」(Coolidge effect)，指的是動物在和異性伴侶多次交配後，如果有新的異性出現時，會對新出現的異性有較高的交配意願。柯立芝效應在演化上的意義是在多配偶制（通常是一夫多妻制）的動物中，可刺激雄性與更多雌性交配，進而產生更多子代。而在〈小鹿亂撞的愛情生理學〉篇提到的「多巴胺」(dopamine)，會讓人對愛產生狂熱，研究顯示動物與人類在遇到全新的陌生異性時，腦中多巴胺的提升遠高過與熟悉的異性相伴。

不過，人類畢竟有別於其他動物，道德與禮法讓人類與眾不同，〈心心相印的愛情理論〉一篇可以看到相關的人類的愛情包含了許多動物所沒有的成分。就像劇作家蕭伯納 (George Bernard Shaw) 所說的一樣：「愛的成分不過就是，在兩個女人中過度高估了其中一位。」("Love consists of overestimating the differences between one woman and another.") 新來的對象與舊有的對象，這終究只是比較而來的，新的伴侶有一天也會變成舊的伴侶，一味跟隨著「生理上的荷爾蒙變化」追求異性，則永遠無法得到「圓滿的愛」。

社會心理學家拉比埃 (Douglas LaBier) 將感情背叛分為六種型式：一時興起 (It's-Only-Lust Affair)、報復性出軌 (I'll-Show-You Affair)、精神外遇 (Just-In-The-Head Affair)、不倫戀 (All-In-The-Family Affair)、一夜情 (It's-Not-Really-An-Affair Affair) 和身心都投入 (Mind-Body Affair)。許多人認為「感情背叛」是破壞婚姻關係的元

凶，但拉比埃認為，因果關係大多不是如此簡單，相反的，其中一人的出軌通常暗示了兩人的婚姻關係已出現危機。當兩人之間的問題浮出檯面，對於雙方或許都是一個契機，不論往後兩人的關係會有怎樣的發展，對於其中一人（或雙方）的心理或者婚姻關係本身也或許是個轉機。

　　大多數的婚姻擱淺，不是因為愛情之船撞上了大塊礁石，而是被許多日常生活中的小石礫堆給卡住了，其中又以兩人溝通上出了問題為大宗。在〈歡喜冤家的愛情解方〉篇中提到了可能終結愛情與婚姻的「啟示錄四騎士」，最重要的還是改變兩人溝通與互動的模式，將船拖離小石礫堆，這船又可以遨遊四海了！如果雙方都有改善婚姻的共識卻苦於不知從何開始，專業人員的婚姻諮詢或家庭治療可以提供相關協助喔！

≫ 延伸連結

編號 60 │ 歡喜冤家的愛情解方

編號 64 │ 日常必要的需求

編號 81 │ 心心相印的愛情理論

編號 91 │ 小鹿亂撞的愛情生理學

搭配成語

①喜新厭舊

喜歡新的，討厭舊的。形容在男女感情上或對事物的喜好不專一。原作「樂新厭舊」。⑱見異思遷。⑲忠貞不渝。〔唐・陸贄・論朝官闕員及刺史等改轉倫序狀：時俗長情，樂新厭舊；有始卒者，其唯聖人。〕

〔宋・葉適・淮西論鐵錢五事狀：常人之情，喜新厭舊。〕

②憐新棄舊

喜愛新的，厭棄舊的。多指愛情不專一。憐，愛。近喜新厭舊。反始終如一。〔明・馮夢龍・東周列國志・第三十六回：他日憐新棄舊，把我等同守患難之人，看做殘敝器物一般。〕

③移情別戀

移轉感情，愛上別人。近見異思遷。反終身不渝。

④見異思遷

見到別的、不一樣的事物就想改變主意。指人意志不堅定，喜愛不專一。遷，改變。近三心二意。反一心一意。〔管子・小匡：少而習焉，其心安焉，不見異物而遷焉。〕〔清・袁枚・與慶晴村都統書：名教中自有樂地，何必見異思遷？〕

⑤拈花惹草

比喻男子到處勾搭女子。拈，音ㄋㄧㄢˊ。用指尖持取物品。近尋芳問柳。〔紅樓夢・第二十一回：又兼生性輕薄，最喜拈花惹草。〕

⑥紅杏出牆

紅杏花開到牆外來。原形容春意盎然。後用來比喻婦女不守婦道。近不安於室。〔宋・葉適・游小園不值：春色滿園關不住，一枝紅杏出牆來。〕

62 被制約了① —— 淺談古典制約

（非）制約刺激、（非）制約反應

古典制約 (classical conditioning) 是一種可應用在動物（包括人類）的關聯性學習理論，最著名的範例就是俄國科學家巴夫洛夫 (I. Pavlov) 所做的「狗的唾液制約反射」實驗：

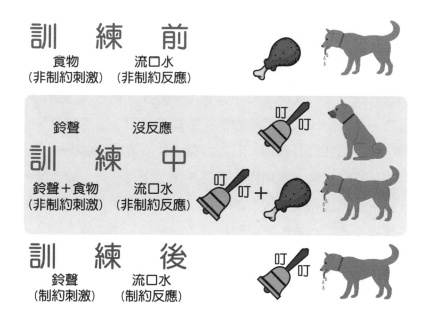

訓　練　前
食物　　　　流口水
（非制約刺激）（非制約反應）

鈴聲　　　　沒反應
訓　練　中
鈴聲＋食物　流口水
（非制約刺激）（非制約反應）

訓　練　後
鈴聲　　　　流口水
（制約刺激）　（制約反應）

　　步驟一：非制約刺激 (unconditioned stimulus) 會引發非制約反應 (unconditioned response)——狗一看到食物，就開始流口水。這是天生且不需經過學習的連結。

　　步驟二：中性刺激 (neutral stimulus) 不引發任何反應——狗聽到鈴

聲，沒有任何反應。

　　步驟三：讓中性刺激和非制約刺激同時出現，引發原本的非制約反應——讓狗同時看到食物及聽到鈴聲，狗會因為食物而開始流口水。

　　步驟四：經過「步驟三」的反覆刺激與反應的學習之後，中性刺激變成制約刺激 (conditioned stimulus)，便能單獨引發制約反應 (conditioned response)——經反覆的食物加鈴聲同時出現後，狗一聽到鈴聲便開始流口水。

　　就像巴夫洛夫的實驗一樣，我們常會利用古典制約來訓練動物及小嬰兒明白基本的指令，例如主人一邊喊「握手！」一邊將小狗的前腳抓起來，慢慢地小狗只要聽到主人喊「握手！」就自動地把腳伸出來；一邊喊「把拔（爸爸）！」一邊用手指著爸爸的臉給小嬰兒看，慢慢地小嬰兒就學會看到爸爸的臉就喊出「把拔（爸爸）」兩個字。

　　而在生活當中，人們某些習慣、直覺或反射，也常常源自於古典制約的學習，就像只要聽到「叭布」聲就知道是冰淇淋小販來了、聽到特有的「叮咚」聲你就知道旁邊是特定的便利商店、聞到別人嘔吐物的味道也會讓人反胃。著名的《小王子》一書中，狐狸被小王子馴養的過程也有非常經典的，類同於「古典制約」的情節：在被小王子馴養後，狐狸只要聽見腳步聲就會感到愉悅、只要看見金黃色的麥子就會想起小王子金黃色的頭髮。

　　我們身邊則有一個有趣的生活實驗：在臺灣，每一個人只要聽見「給愛麗絲」的音樂，馬上會聯想到要出門倒垃圾；屏東潮州曾嘗試將垃圾車的音樂換成另一首曲子，結果居民大多沒注意到垃圾車來了，反而錯過時間。在居民的抗議下，新曲子不到三個月就改回「給愛麗絲」，新曲子還來不及完成居民的制約訓練，倒是重新播放「給

愛麗絲」的第一天就沒有居民錯過倒垃圾了！從小訓練而成的古典制約完勝！

※ 延伸連結

編號 63｜被制約了②──淺談操作制約

搭配成語

①望梅止渴

想到梅子，唾腺便能分泌出唾液，好像止渴了。比喻用空想、空話安慰自己或別人。㊄畫餅充飢；指雁為羹。〔南朝・宋・劉義慶・世說新語・假譎：魏武行役失汲道，軍皆渴。乃令曰：「前有大梅林，饒子，甘酸可以解渴。」士卒聞之，口皆出水。乘此得及前源。〕

②驚弓之鳥

曾被箭射傷，一聽到弓聲就會害怕的鳥。比喻曾受驚嚇，略有動靜就害怕的人。㊄一朝被蛇咬，十年怕草繩。㊃鎮定自若；泰然自處。〔晉・王鑒・勸帝征杜弢疏：黷武之眾易動，驚弓之鳥難安，鑒之所甚懼也。〕

③風聲鶴唳

風吹的聲音和鶴的鳴叫。形容引發人驚慌疑懼的景況。唳，音ㄌㄧˋ。鳴叫。㊄草木皆兵；杯弓蛇影。〔晉書・謝玄傳：餘眾棄甲宵遁，聞風聲鶴唳，皆以為王師已至。〕

④**畫餅充飢**

畫一張餅來解餓。①比喻做事不切實際,徒勞而無所得。〔三國志·魏書·盧毓傳:選舉莫取有名,名如畫地作餅,不可啖也。〕②比喻聊以空想,自我安慰。〔明·居頂·續傳燈錄·卷二十·開先行瑛禪師:談玄說妙,譬如畫餅充饑。〕近望梅止渴。反實事求是;腳踏實地。

63 被制約了② ── 淺談操作制約

行為主義、工具制約、試誤學習、增強、懲罰

　　操作制約 (operant conditioning) 是指個體在受到刺激之後引發行為改變的過程與方法，和「古典制約」同為心理學行為主義 (behaviorism) 的概念之一。

　　操作制約中所提到的刺激，可以是個體環境裡的任何事物。換句話說，操作制約是所有動物（包括人類）最基本的學習理論：在與環境互動的過程中，受到環境回饋而來的刺激後，動物便會進一步的調整自己的行為。這段話聽起來讓人有點迷惘，舉例子來說就簡單多了：當小孩把食物亂丟在地上，大人就打手心，小孩就會減少亂丟食物的行為；小孩幫忙洗碗，大人給他口頭上的讚美，小孩就會更頻繁的幫忙洗碗──這不正是我們從小就熟悉的學習模式嗎？在教育小孩的過程中，大人使用了處罰（打手心）和獎勵（讚美）讓小孩學習正確的行為，這就是一種學習的「操作」，也等同使用了「工具」來幫助學習，因此「操作制約」也稱為「工具制約」(instrumental conditioning)。

　　以操作制約為基礎的學習理論中，「試誤學習」(trial-and-error learning) 是動物自然就會的學習方式。例如在迷宮中，老鼠走對路能吃到起士、走錯路會遭到電擊，在嘗試正確與錯誤的路徑多次之後，老鼠很快就學會迷宮怎麼走了。更進一步的，從上面的幾個例子中你可以發現，操作制約有兩種主要的刺激來引導學習：「增強」(reinforcement) 與「懲罰」(punishment)：

一、**正向增強**：做某件事→增加喜好的刺激→更傾向做那件事。

如：小孩自動完成作業，父母增加他娛樂活動的時間。

二、**負向增強**：做某件事→減少厭惡的刺激→更傾向做那件事。

如：小孩自動完成作業，父母減少他要幫忙做的家事。

三、**正向懲罰**：做某件事→增加厭惡的刺激→避免做那件事。如：小孩回家書包亂丟，父母增加他要幫忙做的家事。

四、**負向懲罰**：做某件事→減少喜好的刺激→避免做那件事。如：小孩回家書包亂丟，父母減少他娛樂活動的時間。

　　看看上面的例子，你是否發現在日常生活中，我們早已不自覺的利用操作制約來教育孩子，甚至管理下屬呢？這樣的學習模式要執行看似簡單，但也容易因操作不當而失靈。例如當孩子不論做對或做錯都能得到獎勵，父母就很難利用「正向增強」或「負向懲罰」來改變他的行為了——這也就是大家常說的「被寵壞」囉！

≫ 延伸連結

編號 62 ｜被制約了①——淺談古典制約

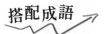

①熟能生巧

技術熟練後能致巧妙。近得心應手；運用自如。〔宋・朱熹・朱子語類・卷一〇四・朱子一：且如百工技藝，也只要熟，熟則精，精則巧。〕〔清・趙翼・甌北詩鈔：才豈患多花釀蜜，熟真生巧水成渠。〕

②恩威並行

獎賞和刑罰兩種方法交互施行。<u>近</u>寬猛相濟。〔三國志‧吳書‧周魴傳：魴在郡十三年卒，賞善罰惡，威恩並行。〕

③寬猛相濟

寬大和嚴厲互為助成。寬，寬厚。猛，嚴厲。〔左傳‧昭公二十年：政寬則民慢，慢則糾之以猛；猛則民殘，殘則施之以寬。寬以濟猛，猛以濟寬，政是以和。〕

④信賞必罰

有功必賞，有罪必罰。形容賞罰分明。信，真實不欺。<u>近</u>獎善懲惡。〔韓非子‧外儲說右上：信賞必罰，其足以戰。〕

64 日常必要的需求

動機、需求層次理論、ERG 理論

　　本篇所討論的需求 (need) 也可以翻譯成「需要」，指的是當人在生理與心理上出現的不平衡狀態，它提供驅力讓人做出可以恢復平衡狀態的行為，是動機 (motivation) 產生的基礎之一。例如人感到飢餓時就是生理上出現了不平衡，產生對食物的需求，飢餓就是刺激人去吃東西的驅力。因此，如果有人問你為什麼吃飯？你吃飯的動機是什麼？最直接的答案就是「肚子餓」！至於為什麼是吃飯而不是吃牛排呢？就又牽涉到其他更複雜的動機了，可進一步參看〈一股勁兒的驅力〉篇。

　　心理學家馬斯洛 (Abraham Maslow) 針對人類的需求提出五個階級的「需求層次理論」(Maslow's Hierarchy of Needs)，如附圖：

馬斯洛層次需求理論

一、**生理需求 (physiological needs)**：維持人生存和發展最基本的需求，例如食物、水、空氣、性等。

二、**安全需求 (safety needs)**：免於身體與心理受到威脅、傷害，或混亂的需求，例如人身安全、生活穩定、身體健康。

三、**社交需求 (love and belonging needs)**：對於關懷、愛、被接納，與人際互動的需求，例如親情、友情、愛情。

四、**尊重需求 (esteem needs)**：包括內部尊重與外部尊重。內部尊重也就是所謂的自尊，能自我肯定，並擁有個人價值；外部尊重則是希望自己對外有所成就、受到他人的認可與重視。

五、**自我實現 (self-actualization)**：是最高層次的需求，是人有挑戰自己的潛力、促使自己潛能得以發揮的需求，可以想成是一種追求自己理想與完美境界的需求，為了這個需求人可以做出犧牲也在所不惜。

在馬斯洛的「需求層次理論」中，人類的需求是以層次的形式出現的，由低階層次的需求開始，逐級向上發展到高階層次的需求。當一個層次的需求得到滿足時，這個層次的需求就很難再讓人產生動機了。因此，以馬斯洛的觀點來看，當人處於非常飢餓的狀態時，不論什麼食物都會吃：第一層的需求沒有被滿足，人是不會產生「吃的健康」的第二層需求的；而當人要吃得飽的需求很容易被滿足時，才會開始產生「吃的健康」、「和朋友聚餐」、「吃米其林餐廳」等等的較高層次的需求。

不過，人類的需求真的如同馬斯洛所說的有先後順序嗎？另一位心理學家艾德佛 (Clayton Alderfer) 就不這麼認為了。艾德佛將需求層

次理論的五個需求併成三大核心需求 ， 也就是 「ERG 理論」 (ERG theory)，如附圖：

馬斯洛層次需求理論

一、**生存需求 (existence needs)**：它包括馬斯洛提出的生理和安全需求，與人們基本的物質生存需要有關。

二、**相互關係需求 (relatedness needs)**：人際間保持相互關係的需要，與馬斯洛的社交需求和尊重需求中的外部尊重是相對應的。

三、**成長發展需求 (growth needs)**：人會尋求成長與發展的內在願望，包括馬斯洛的尊重需求中的內部尊重和自我實現需求。

艾德佛的 ERG 理論就是取名自上述三大核心需求的字首，他認為人類在同一時間可能有不止一個層次的需求，三大核心需求是可以同時出現的。而且人類在這三大核心需求的優先順序，並非低層次的需

求被滿足了才會追求較高的層次。例如人可能在生存與相互關係的需求尚未得到滿足之前，仍然追求成長發展的需求：因此，偉大的畫家梵谷 (Vincent van Gogh) 可以在吃不飽、穿不暖、得不到任何人的賞識，甚至在精神疾病的折磨下，依然專注在自己的繪畫上，留下許多永垂不朽的藝術鉅作——這樣的需求理論，或許僅適用於人類這種奇特的生物上了，你說是嗎？

搭配成語

①飢不擇食

非常飢餓時對食物不加挑剔。也比喻迫切需要時不加選擇。擇，挑選。⑪狼吞虎嚥。⑫挑肥揀瘦。〔孟子・公孫丑上：飢者易為食，渴者易為飲。〕〔宋・釋普濟・五燈會元・卷一一・潭州神鼎洪諲禪師：（僧）問：「如何是和尚家風？」師曰：「飢不擇食。」〕

②兩情相悅

彼此喜愛對方。⑪情投意合。⑫自作多情。〔清・李伯元・文明小史・第十九回：只要被我挑選上了，兩情相悅，我就同他做親，有何不可？〕

③求仁得仁

追求仁德而得到仁德。常用於願意為了實現某種理念而付出代價的安慰語。⑪如願以償。⑫事與願違。〔論語・述而：求仁而得仁，又何怨？〕〔太平廣記・卷一六四：求仁得仁，又誰恨也？〕

65 一股勁兒的驅力

需求、動機、驅力消減理論、學習

　　驅力 (drive) 是指生物要滿足自身需求 (need) 時所產生的緊張狀態，是人類心理學上「動機」(motivation) 的來源之一。驅力的基礎是所有與生俱來的需求：當生物有需求卻得不到滿足時，內在會出現緊張 (tension)，便會產生驅力進而刺激生物做出行為來滿足自己的需求，當需求被滿足時內在的緊張便會消失。

　　生物有不同的需求就會產生不同的驅力，就像飢餓會有降低飢餓的驅力、疼痛會有減少疼痛的驅力、在不安全的環境中便會有尋求安全的驅力，而不同的驅力就會刺激生物做出不同的行為來滿足最初的需求。

　　舉例來說，動物都有覓食的行為，即使是單細胞的變形蟲也是，為什麼呢？因為牠們都有獲取足夠的熱量活下來及繁衍後代的需求，而驅力會刺激牠們去覓食。如果需求沒有被滿足，牠們會感到飢餓，飢餓感對於動物來說是內在的緊張，為了消除緊張就要去覓食，吃飽了飢餓感所帶來的緊張便會降低，刺激牠們去覓食的驅力也就跟著減弱了。

　　美國行為主義心理學家赫爾 (Clark L. Hull) 將這樣的理論稱為「驅力消減理論」(Drive Reduction Theory)，就如同附圖：需求產生驅力，驅力則會刺激動物做出 「驅力消減行為」 (drive-reduction behavior)。赫爾認為，驅力消減理論也可以解釋人類或動物「學習」的目的：驅力產生以滿足需求、減少緊張，而後消減驅力。當驅力被

消減時會產生增強作用 (reinforcement)，而「學習」就在反應被增強的此刻發生。

再舉個例子：研究人員設計了一個迷宮，將小白鼠放在迷宮裡面，小白鼠可能會四處亂走但不會去學習整個迷宮地圖該怎麼走。但是當研究人員在迷宮出口放了一塊麵包，情況就不同囉！小白鼠在飢餓的情況下，會有對食物的需求，因此產生驅力刺激小白鼠覓食。當小白鼠在迷宮中不小心找到麵包後，小白鼠的食物需求被滿足了，覓食的驅力消減了，於是產生了熟悉迷宮的增強作用，小白鼠也就學習到一次迷宮的走法了！

在赫爾的理論當中，學習的效果與驅力被消減的時間、反覆練習的次數與需求被滿足的強度有關：飢餓的小白鼠走迷宮找到麵包的時間愈短，學習的效果愈好；小白鼠走迷宮找到麵包的次數愈多，學習的效果愈好；小白鼠走迷宮吃到的麵包愈甜美好吃，學習的效果也愈好。

你是否發現，這個道理和〈被制約了②——淺談操作制約〉篇的學習概念有點像呢？不過在人類的學習上，許多學者也發現部分的人類行為似乎沒辦法用「驅力消減理論」來解釋。當有些人的某些需求被滿足時，驅力非但沒有消減，反而被加強了！此外，人類也會為了

滿足勝負欲、好奇心、認同感等等，從事一些可能帶來危險、跟需求無關的冒險行為——人類真是挺複雜的生物啊！

∷ 延伸連結

編號 63｜被制約了②——淺談操作制約

編號 64｜日常必要的需求

搭配成語

①源遠流長

河流的源頭很遠，流程就長。比喻根柢深厚，歷史悠久。〔南朝・梁・沈約・贈沈錄事江水曹二大使詩五章（其一）：伊我洪族，源濬流長；奕奕清濟，代有蘭芳。〕〔唐・白居易・海州刺史裴君夫人李氏墓志銘：夫源遠流長，根深者枝茂也。〕

②一股勁兒

一陣強烈的熱情和動力。形容充滿行動熱情。近全神貫注；全心全意。反意興闌珊。

③豪情壯志

豪邁的情感，遠大的志向。近胸懷萬里；凌雲壯志。反心灰意冷；心如死灰。〔南朝・梁・沈約・郊居賦：並豪情之所侈，非儉志之所娛。〕〔後漢書・張儉傳：而張儉見怒時王，顛沛假命，天下聞其風者，莫不憐其壯志，而爭為之主。〕

④遂其所願

達成他的願望。遂，音ㄙㄨㄟˋ。完成；滿足。㊒得償所願。㊃事與願
違。〔明・方汝浩・禪真逸史・第一回：而男女之欲，人孰無之？不能
遂其所願，輕則欲火煎熬，憂思病死；甚且逾牆窺隙，貪淫犯法而不
之顧。〕

66　虛虛實實的記憶

感覺記憶、短期記憶、長期記憶

　　記憶 (memory) 是指個體能夠儲存過往經驗的能力，在人類是由大腦所負責的。當一個刺激引起人的反應之後，雖然該刺激已經消失，但人依然對於該刺激的感覺與反應保有印象，就是已經產生了記憶。記憶是學習的基礎，沒有好記憶便無法進行好的學習。

　　人要把一件事情記憶下來，在大腦當中會經歷三個階段：

　　一、登錄及編碼 (registration & encoding)：不論是眼睛看到的、耳朵聽到的、鼻子聞到的、手觸碰到的等，將感官所接受到的刺激收進大腦當中。

　　二、鞏固與儲存 (consolidation & storage)：系統性的分類並將整體印象及重要訊息保留下來。

　　三、回憶、提取 (recall、retrieval)：需要用到的時候可以將儲存的訊息拿出來使用。

　　然而人的記憶可長可短，有些事閃過就忘，有些事卻過目不忘。我們也可以依據記憶持續時間的長短來做分類：

　　一、感覺記憶 (sensory memory)：如字面上的含意，就是人類感官在接受到刺激之後的記憶，是一種立即卻極短的記憶，大約只能維持不到十秒的時間。例如拿起花聞到香味後，將花移開仍保

有幾秒鐘有花香的氣味感覺，那就是感覺記憶。

二、**短期記憶 (short-term memory)**：較長一點的記憶，可以維持數秒到數分鐘，也稱為工作記憶 (working memory)，如果不能反覆接受刺激進入長期記憶，過一會兒便會忘記。例如客戶告訴你電話號碼，他唸完之後你有短暫的時間可以將號碼一字不漏寫下來，當下若沒有記下來，除非你在心裡反覆默唸，否則不到半分鐘你就得再問一次了。短期記憶有容量限制，單次過多資訊量超載是無法進入短期記憶的。以數字串為例，一般人短期記憶可容納的是七個數字，這也是為什麼早期的市內電話大多以七個數字為限，再多怕許多人就記不住了。

三、**長期記憶 (long-term memory)**：和短期記憶不同，長期記憶沒有容量限制，而且訊息儲存的時間可長可久，長達數十年都沒問題，因此也稱為永久記憶 (permanent memory)。我們一般所說的記憶通常就是指長期記憶。一個訊息要進入長期記憶，必先經過短期記憶及反覆再現 (rehearsal)，最後才會儲存到長期記憶。而在這之中，大腦也會將訊息中不重要的成分剔除，只保留重要的部分，也因此在很多的記憶中，我們只保留概略的印象而不記得細節。

　　與記憶相關的心理學效應不少，有興趣可參考〈與眾不同的萊斯托夫效應〉篇。

≫ **延伸連結**

編號 67｜恍恍惚惚的失憶症

編號 67｜與眾不同的萊斯托夫效應

搭配成語

①刻骨銘心

比喻感受極深，不能忘懷。銘心，牢記不忘。銘，鏤刻。也作「銘心刻骨」。⓪銘感五內。⓪浮光掠影。〔唐・柳宗元・謝除柳州刺史表：銘心鏤骨，無報上天。〕〔水滸傳・第八十回：萬望太尉慈憫，救拔深陷之人，得瞻天日，刻骨銘心，誓圖死報。〕

②沒齒難忘

終身不忘；一輩子記得。沒齒，音ㄇㄛˋ ㄔˇ。終身。沒，終；盡頭。齒，年齒；年紀。也作「沒世不忘」、「沒齒不忘」。⓪永誌不忘。〔禮記・大學：道盛德至善，民之不能忘也……君子賢其賢而親其親，小人樂其樂而利其利，此以沒世不忘也。〕〔唐・李商隱・為汝南公華州賀赦表：司馬談闕陪盛禮，沒齒難忘。〕〔宋・蘇舜欽・啟事上奉寧軍陳侍郎：蓋以被一顧之厚，一言之飾，雖沒齒不可忘。〕

③念念不忘

時常思念而不能忘懷。⓪念茲在茲。〔宋・蘇軾・東坡志林・論修養帖寄子由：觀妄除愛，自粗及細，念念不忘。〕〔紅樓夢・第四十七回：因其中有個柳湘蓮，薛蟠自上次會過一次，已念念不忘。〕

④過目不忘

看過就不會忘記。形容記憶力很好。⓪過目成誦。〔漢・孔融・薦禰衡表：目所一見，輒誦於口；耳所暫聞，不忘於心。〕〔晉書・苻融載記：耳聞則誦，過目不忘，時人擬之王粲。〕

67 恍恍惚惚的失憶症

記憶、遺忘、健忘、心理防衛機轉、解離

　　失憶 (amnesia) 是指記憶的缺損或記憶力的喪失，我們可以把失憶當成「遺忘」(forgetting) 的結果，人失去能力重現已經學得的知識、技能、或經驗稱為「遺忘」。但「失憶」和一般人常見的「健忘」(forgetfulness) 是不一樣的，健忘一般指的是容易一時忘記某些事物，但經過提醒或一段時間後仍能想起該事物；而失憶則常常是完全沒有記憶的印象了。

　　以時續性區分，失憶有兩種型態：順行性失憶 (anterograde amnesia) 和逆行性失憶 (retrograde amnesia)。

　　一、順行性失憶：指的是發生生理或心理事故後，新發生的經驗無法記憶下來，也就是無法將短期記憶儲存為長期記憶，看過、說過、做過什麼隔了一陣了就忘得一乾二淨。

　　二、逆行性失憶：指的是發生生理或心理事故後，喪失了提取在這之前的部分記憶的能力，想不起來曾經發生過、應該記得的事。

　　有些人的失憶只有順行性或逆行性一種，但有些人則可能同時包含兩種失憶型態。

　　造成失憶的原因很多，可能是生理上的問題、心理上的創傷、或者外來物質的影響：

一、生理問題：失憶的現象可能是嚴重腦部病變所造成的，例如頭部損傷、腦中風、癲癇、腫瘤、老年失智症等，甲狀腺問題、部分維生素的缺乏或病毒的腦部感染也可能伴隨失憶的症狀。

二、心理創傷：當人遇到極大的壓力事件時可能出現失憶現象，特別是當情緒處於憂鬱或焦慮的狀態下。對於過去特定事件相關的人、時、地都無法回憶的情況，稱為「選擇性失憶」(selective amnesia)，這是因心理防衛機轉 (defensive mechanism) 的運作，將特定事件的記憶從人的意識中隔離出來，以避免回憶時可能產生的心理痛楚，是「解離性失憶症」的一種。

三、酒精：在一般人身上最常見的失憶原因就是酒精，一次過量的飲酒所造成的酒精中毒（醉醺醺的狀態）會造成當下短暫的失憶症狀，就像是大腦斷電了一樣 (blackout)。在電影《醉後大丈夫》(*The Hangover*) 裡正是用喜劇的型式描繪這樣的失憶現象；而長期飲酒甚至已經出現酒精依賴的人可能引發永久的酒精性失憶症 (Wernicke-Korsakoff syndrome)，這是酒精已經造成不可回復的腦部病變，更嚴重甚至可能提早退化導致「酒精性失智症」(alcoholic dementia)。

四、藥物：某些藥物的藥效即是強迫大腦休息，因此在藥物發揮藥效期間也可能讓人出現「大腦斷電」的現象，例如手術使用的麻醉藥、部分的助眠藥與鎮定劑等等。

除了酒精或藥物所造成的短暫失憶現象之外，如果突然發現有失憶的症狀，務必要盡快就醫，以確定是否是腦部病變所造成的喔！

∷ 延伸連結

編號 35｜六神無主的解離

編號 66｜虛虛實實的記憶

搭配成語

①閉目塞聽

閉著眼睛不看，堵上耳朵不聽。形容對外界事物不聞不問或全不了解。原作「閉明塞聰」。近視若無睹。〔漢・王充・論衡・自紀：養氣自守，適食則酒；閉明塞聰，愛精自保。〕〔宋・司馬光・遺表：設有人閉目塞耳，跣而急趨，前遇險阻，安有不顛躓者哉！〕

②愣頭愣腦

愣，音ㄌㄥˋ。失神；痴呆。⒈形容魯莽粗心的樣子。近迷迷糊糊。反精明能幹。⒉形容笨拙遲鈍的樣子。近呆頭呆腦。反聰明伶俐。

③迷迷糊糊

形容人腦筋不清楚或做事糊塗大意。近粗心大意；愣頭愣腦。反精明幹練。〔清・王夢吉・濟公傳・第四十回：這兩人迷迷糊糊，吃也吃不下，睡也睡不安神。〕

④七葷八素

各種葷食和素食雜列在一起。形容人頭昏腦脹，思緒混亂。近頭昏腦脹；暈頭轉向。反氣定神閒；不慌不忙。

⑤暈頭轉向

形容頭腦昏亂不清。轉向，音ㄓㄨㄢˋ ㄒㄧㄤˋ。不辨方向。也作「昏頭轉向」。㊀頭昏腦脹；七葷八素。㊁神清氣爽；神采奕奕。

68　電光石火的自動化思考

制約、固著、直覺

　　自動化思考 (automatic thought) 是指當人接收到一個訊息或刺激時，自動的、反射性的在腦中出現特定的想法，進一步出現特定的情緒反應。例如當你在和朋友談論某件事，或正在發表某些想法時，突然見到朋友打了個哈欠，這時你腦中會出現兩段思考：㈠意識上，你會思考「他為什麼打了哈欠？是累了嗎？空氣太悶嗎？」這是屬於理性上的思考；㈡下意識的你會思考「是不是我講得太無趣了？是不是他覺得我在鬼扯？是不是他根本對我講的完全沒有興趣？」這就是自動化思考，沒有邏輯、不看證據、不經過推理，並且通常伴隨著負面的情緒。

　　上面自動化思考的例子大致提供一個概念，並非完全正確，因為自動化思考的發生極為快速，就像電報一樣「刷！」的跑出來，就像是被制約似的，收到特定刺激（如聽到某個關鍵字）就立即產生想法。自動化思考不但極端快速的出現，而且難以消除，常常會在腦中揮之

不去。不論在醫學或心理學，探究憂鬱或焦慮者的情緒反應時，自動化思考便是很重要的課題。

下面舉幾個常見的自動化思考例子：

一、選擇性推斷 (selective abstraction)：「完蛋了！我臉上怎麼冒出一顆痘痘？晚上約會怎麼辦？我看起來一定很醜！」──斷章取義、將焦點放在負面的小細節而忽略整體。

二、妄自菲薄 (disqualifying the positive)：「我真的只是運氣好，事情竟然都自然而然的解決了。」──即使成功或問題順利解決，也真心否定自己的功勞與努力。

三、非黑即白 (all or nothing thinking)：「這事你竟然沒說實話！原來過去這麼多年來所有的事情你都在騙我！你從來沒跟我說實話！你這個騙子！」──無法接受人事物的灰色地帶及善惡兼併。

四、標籤化 (labeling)：「我做錯事，我是罪人，大家遇到的不好的事都是我造成的！」將一個主觀判斷長釘在自己（或他人）身上。如果標籤化在他人身上，亦是個人的偏見。

人們常會受到自動化思考的影響而不自覺，因為它的存在是非常自然的，所謂的「直覺」(intuition) 也算是自動化思考的一種形式。想想，日常生活中，你的心情是否也曾受到自動化思考的影響呢？

≫ 延伸連結

編號 53｜壁壘分明的偏見與歧視

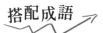搭配成語

①**固執己見**

堅持自己的看法，毫不妥協改變。近一意孤行；剛愎自用。反從善如流；集思廣益。〔舊唐書・李綱傳：綱每固執所見，不與之同，由是二人深惡之。〕〔宋史・陳宓傳：固執己見，動失人心。〕

②**先入為主**

以先得知的事理為主見，而排斥後得知的不同主張或意見。近先入之見；門戶之見。反兼聽則明。〔漢書・息夫躬傳：唯陛下觀覽古戒，反覆參考，無以先入之語為主。〕

③**全盤否定**

全部否決；完全不加以肯定。全盤，全部；全數。近以偏概全。

④**舉一廢百**

只以一件事物為標準，而廢棄其餘的。比喻主觀武斷。近一隅之見。〔孟子・盡心上：所惡執一者，為其賊道也，舉一而廢百也。〕〔宋・吳曾・能改齋漫錄・閻立本畫：淺薄之俗，舉一廢百，而輕藝嫉能，一至於此。〕

69 拿定主意的決策過程

決策過程、欲望、自我控制

　　決策過程 (decision-making process) 是指在面對問題或挑戰時，透過問題分析來研判，符合當下已知條件中的最佳解決方案，直到最終付諸實現解決問題的心理歷程（見附圖）。

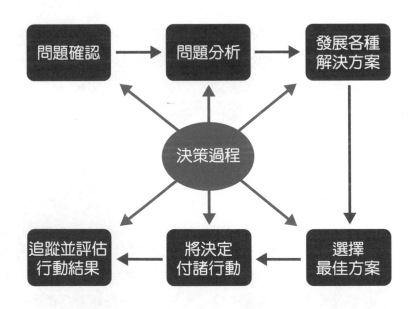

　　進行「決策過程」意味著必須做出「選擇」，意即必須從至少兩個以上的問題解決方案中選出一個最佳方案。因此如果面對一個無從選擇、必然只有一種選項的問題時，是不需要任何決策過程的。

一個人在進行決策過程時，從開始的問題確認到最後的解決方案執行與追蹤，是由人腦中各個不同區塊及系統功能所共同完成的，可以簡化成情緒性與理性兩大類，而兩者都與記憶有關。舉一個「吃或不吃一塊起士蛋糕」的簡單問題：

一、記憶：過去曾經吃過起士蛋糕，現在看到眼前這塊蛋糕，馬上回憶起它的氣味與口感，並且很快連結到與起士蛋糕相關的經驗與知識，例如起士蛋糕搭配紅茶的感覺、起士蛋糕是由乳酪製成的、起士蛋糕是高熱量的食物、最近才發生的乳酪製品食品加工問題的新聞等。

二、情緒性的思考：忙了一整天肚子餓扁了，剛好出現這塊蛋糕，不吃行嗎？嘴巴裡的口水好像變多了？肚子也開始咕嚕咕嚕叫了。如果吃了這塊起士蛋糕一定會有滿滿的幸福感！每次吃起士蛋糕再配上熱紅茶真的都超滿足的啊！

三、理性的思考：不行！我太胖了，每次吃完起士蛋糕再回家量體重都超級後悔的啊！不能再吃高熱量的食物！還有，聽新聞報導這類食品近來不安全，絕對不要跟健康過不去！

在上述這個問題當中，決策過程要解決的就是選擇「吃」或「不吃」這塊起士蛋糕，情緒性的思考來自於當下的飢餓狀態加上過去記憶所產生的欲望 (desire)，欲望是指當前因為缺乏及失衡所產生的渴求感；而理性的思考則來自於過去所記憶的知識以及對未來的期待感所產生的自我控制 (self-control)，自我控制一般指的就是抑制自己的欲望與情緒衝動。經由大腦的決策過程做出最佳方案。這過程可能是反覆

來回進行的，便是所謂的猶豫不決。而後續結果的追蹤與評估（會不會後悔吃或不吃蛋糕），則會成為下一次類似問題發生時的決策依據。

搭配成語

①三心二意

形容心意不專一，猶豫不決的樣子。近二三其德；心猿意馬。反一心一意；全心全意。〔元・關漢卿・趙盼兒風月救風塵・第一折：爭奈是匪妓，都三心二意。〕

②優柔寡斷

形容人猶豫徬徨，不夠果斷。優柔，猶豫不決。寡，少。近猶豫不決；舉棋不定。反當機立斷；毅然決然。〔韓非子・亡征：緩心而無成，柔茹而寡斷，而無所定者，可亡也。〕〔清・梁章鉅・陳頌南給諫：見不善而不能退，退而不能遠，其端不過優柔寡斷，而其後遂貽害於國家。〕

③見異思遷

見到別的、不一樣的事物就想改變主意。指人意志不堅定，喜愛不專一。遷，改變。近三心二意；喜新厭舊。反矢志不移；一心一意。〔管子・小匡：少而習焉，其心安焉，不見異物而遷焉。〕〔清・袁枚・與慶晴村都統書：名教中自有樂地，何必見異思遷？〕

④**心猿意馬**

心意像猿、馬一般跳躍奔馳，難以控制。形容心思、意念難以控制。
㊄三心二意；心神不定。㊄專心致志；心無旁鶩。〔唐・敦煌變文集・
維摩詰經講經文：卓定深沉莫測量，心猿意馬罷顛狂。〕

⑤**天人交戰**

天理公義和人情私欲在內心掙扎。

⑥**兩害相權取其輕**

在兩種傷害之間權衡比較，選擇影響較小者。㊄避重就輕；避害就利。
㊄不知輕重。〔清・章炳麟・答某書：蓋聞兩害相較，則取其輕。〕

⑦**快刀斬亂麻**

比喻果斷迅速地解決紛亂複雜的問題。㊄大刀闊斧；當機立斷。㊄優
柔寡斷；拖泥帶水。〔後漢書・方儲傳：上嘉其才，以繁亂絲付儲使
理。儲拔佩刀三斷之，對曰：「反經任勢，臨事宜然。」〕〔北齊書・文
宣紀：高祖嘗試觀諸子意識，各使治亂絲，帝獨抽刀斬之，曰：「亂者
須斬。」〕

70 舉一反三的學習遷移

類化理論

　　學習遷移 (transfer of learning) 是指先前所學習到的知識、技能、感知和經驗，對於將來新學習的影響。學習遷移是人類學習的普通且不可避免的現象，也是教育心理學中相當重要的一環。我們從小到大都不斷在學習遷移中擴展自己的知識技能與生活經驗。舉例來說，某天媽媽教小孩如何把四顆糖果公平的分成兩堆，小孩學會了一顆一顆分配，最後兩顆給自己、兩顆給媽媽；隔天媽媽請小孩公平的分配九張卡片給三個人，小孩子不需要額外的指導，僅依前一天所學習到的方式，一張一張分配，最後將九張卡片分成三堆──這就是最基本的學習遷移的效果。

　　探討學習遷移現象的理論很多，但不同理論都能肯定的是，當前後兩種學習的相同或相似點愈多，學習遷移的程度就更高。而大部分的學習都能遵循「類化理論」(generalization theory) 的主張，某一場景的學習經驗可被類化（普遍化）而適用於其他類似的場景。就像一個學過跆拳道的男孩，若想學習其他格鬥技巧（如摔角），必定比其他人學得更快，因為雖然分屬於不同格鬥方式，但兩者間卻有許多共通點。

　　依據不同的標準，下面列舉兩種學習遷移常見的分類：

　　一、正遷移與負遷移：前者是指先前的學習對後來的學習有正面的助益；後者則是指先前的學習對後來的學習產生了反效果。例

如教一個很會打籃球的學生來打排球，正遷移的部分是他能很快把握住跳到最高點的時機；負遷移的部分是他對於跳躍位置的掌握，可能會因為習慣打籃球的方式而有偏差——因為打籃球時人要跳躍至球落點的正下方，打排球時則是往球落點的後方跳躍。

二、水平遷移與垂直遷移：前者是指將過去所學的推廣到其他類似且難度相當的情境去，例如學會閱讀國語課本內的生字之後，便能閱讀其他課外讀物；後者則是指將過去所學的經驗在新情境中重新組合，進階到一更高層次的情境中學習，例如從閱讀文學書籍中習得了寫作的技巧。

大至國民教育課綱的設計讓學童循序漸進學習知識與技能，小至國小老師設計遊戲讓學生從玩樂中學習新知，學習遷移在教育上的應用可以說是無所不在的！

搭配成語

① **一隅三反**

由一件事情類推得知其他許多事物。形容人聰明穎慧。隅，音ㄩˊ。角落。反，類推。近舉一反三。〔論語・述而：舉一隅不以三隅反，則不復也。〕〔明・黃宗羲・陳乾初墓誌銘：乾初括磨舊習，一隅三反。〕

② **舉一反三**

物有四角，舉其一角，便可推知其他三角的樣子。比喻由一事加以類推，而能知曉其他相關各事。也指人領悟力很強，善於類推。近聞一知十。反一竅不通。〔唐・虞世南・蔡邕別傳：通敏兼人，舉一反三。〕

③觸類旁通

了解某事物後，接觸同類的事物便能推知其理。近融會貫通。反鑽牛角尖。〔易經・繫辭上：引而申之，觸類而長之，天下之能事畢矣。〕〔易經・乾卦：六爻發揮，旁通情也。〕〔清・陳確・示友帖：使吾輩舉事，能事事如此，便是聖賢一路上人，要當觸類旁通耳。〕

④聞一知十

聽得一道理，便能領悟出其他道理。形容善於推理，非常聰明。近聰明伶俐。〔論語・公冶長：回也聞一以知十，賜也聞一以知二。〕

71 事半功倍的
初始效應

第一印象、序列位置效應

　　初始效應 (primary effect) 也可譯為「首因效應」，是屬於序列位置效應 (serial position effect) 的重要內涵之一。序列位置效應是指在一連串的學習項目當中，各項目會因為學習順序上的位置不同，影響習得效果。排列在最前面的學習項目最容易被記憶，在感官上最先出現的訊息與刺激也最容易被保留，因為這些學習項目已很快從短期記憶轉存至長期記憶中，這就是初始效應。例如當人聽到一長串的名單時，對於最先及最後唸出來的名字會印象最為深刻，對於最先的名字印象深刻便是初始效應。

　　初始效應應用在心理學上，是指個體在人際互動或社會認知的過程中，最先輸入的訊息相對於以後所得到的訊息而言，前者對個體往後的認知產生的影響最為顯著、持續的時間也最長，這也就是所謂的「第一印象」作用。當人們接受到來自各種來源的不同訊息時，總是傾向於重視最前面的訊息，而且會視它為本質，倘若後來的訊息和它不同，人們會傾向認定後者為非本質的、偶然的。

　　當我們首次見到完全陌生的人的時候，當下的第一印象往往因這初始效應，決定了我們對他的整體觀感，往往也因此影響了後續人際交往的互動模式與意願。譬如在交友的過程當中，有好的第一印象，就是好的開始；相反的，當不好的第一印象已然形成，要增加對方的好感度通常需要加倍的努力。又譬如在工作應徵的面試當中，適當的

服裝儀容能讓面試官留下好的第一印象，在接下來的問答便能事半功倍；倘若給面試官的第一印象很差，接下來的表現也就事倍功半了。

　　生活當中還有許多常見的共通經驗都和初始效應或多或少有關聯，例如人們常說的「初戀最美」、老師對於任教的第一個畢業班級印象深刻、老同學相見歡過往的感覺立即重現、第一次品嘗到特定美食的記憶最好吃等。另外，在學習的序列位置效應上，還有另一個與初始效應相對卻也同樣重要的「新近效應」(recency effect)，請見該篇介紹。

≫ 延伸連結

編號 72｜記憶強化的新近效應

搭配成語

①記憶猶新

記憶、印象依然很清晰。近言猶在耳；歷歷如繪。〔宋・劉克莊・跋章南舉千藁：友去之數十年，猶記憶如新相知。〕

②先入為主

以先得知的事理為主見，而排斥後得知的不同主張或意見。近先入之見；門戶之見。〔漢書・息夫躬傳：唯陛下觀覽古戒，反覆參考，無以先入之語為主。〕

③一見鍾情

男女初次見面就產生愛意。也泛指對人或事物一看見就很有好感。鍾，

專注；集中。⑲心心相印；情有獨鍾。⑫日久生厭。〔清・李漁・比目魚・發端：劉旦生來饒豔質，譚生一見鍾情極。〕

④工欲善其事，必先利其器

工匠若想做好工作，一定要先有精良的工具。比喻做事要善用好的工具。利，使銳利。器，工具。〔論語・衛靈公：工欲善其事，必先利其器。居是邦也，事其大夫之賢者，友其士之仁者。〕

⑤事半功倍

原指做事只用古人的一半氣力，卻能收到成倍的功效。後泛指做事得法，費力小而收效大。功，成效；功效。⑫事倍功半。〔孟子・公孫丑上：故事半古之人，功必倍之，惟此時為然。〕〔六韜・龍韜・軍勢：夫必勝者，先見弱於敵而後戰者也，故事半而功倍。〕

72 記憶強化的新近效應

近因效應、新穎效應、序列位置效應

〰️

　　新近效應（recency effect，也可譯為近因效應或新穎效應），是和「初始效應」同屬於序列位置效應 (serial position effect) 的重要內涵之一。序列位置效應是指在一連串的學習項目當中，各項目在學習順序上的位置會影響記憶的結果。實驗證明，最接近開頭和結尾的學習項目，人們成功回憶起的比率明顯高於中間部分的項目，分別稱為「初始效應」及「新近效應」。新近效應之所以容易立即提取、回憶，是因為最後幾個材料依舊保留在短期記憶中。

　　在我們的生活當中常常可以遇到這類的記憶經驗，例如背誦課文或詩詞的時候，往往是最前的兩句和最後的兩句印象最深刻，前者為初始效應，後者為新近效應。

　　而在利用新近效應來加強記憶或印象的應用也相當廣泛，包括考試前「臨時抱佛腳」的最後衝刺、臺灣大選前一天的造勢活動等等，都是利用了新近效應來強化記憶與印象。

　　有趣的是，在人際互動的過程當中，新近效應與初始效應這兩個看似相對的印象，卻是同時存在的。初始效應帶來的「第一印象」通常是穩定、不易改變的，畢竟第一是唯一的；而新近效應則是隨時間變動的，「最新印象」是隨時可能被扭轉的。有些學者認為，人際間的初始效應主要影響剛認識的、較少接觸的人際關係，隨著時間彼此愈來愈熟悉之後，對人的印象會逐漸被新近效應取而代之。

　　不過無論如何，這兩個效應都在人際關係上占有其重要性，這也是為什麼當我們和多年不見的老朋友再次相聚時，除了部分重要的精彩時刻外，我們永遠記得第一次見面的印象，以及離別前最後一次見面的回憶。

≫ 延伸連結

編號 71 │ 事半功倍的初始效應

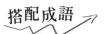

①臨陣磨槍

到了要上戰場前，才開始磨刀槍。比喻事到臨頭才設法準備、應付。㊄臨渴掘井。㊁未雨綢繆；曲突徙薪。〔紅樓夢・第七十回：臨陣磨槍也不中用！有這會子著急，天天寫寫念念，有多少完不了的？〕

②臨時抱佛腳

平日不拜佛，事情發生時才抱住佛像的腳乞求保佑。比喻平時不作準備，事到臨頭才情急設法。㊄臨陣磨槍。㊁有備無患；未雨綢繆。〔唐・孟郊・讀經：垂老抱佛腳，教妻讀黃經。〕〔清・李汝珍・鏡花緣・第十六回：這叫作「臨時抱佛腳」，也是我們讀書人的通病。〕

73 與眾不同的萊斯托夫效應

記憶

　　萊斯托夫效應 (Restorff effect, von Restorff effect) 是心理學中關於「記憶」的有趣現象。

　　前蘇聯心理學家萊斯托夫發現，人在反覆、同質性高的多種訊息當中，會對於其中特殊不一樣的資訊印象深刻，也容易牢牢記住。一開始是他在宴會廳當中注意到，雖然每個賓客都會前來跟宴會主人致意，但之後詢問主人見過哪些（原本不認識的）賓客時，主人對於那些穿著特殊，或者表現與眾不同者會比較有印象，而那些同樣穿西裝打領帶、點個頭打招呼的，他一個也不記得。

　　萬綠叢中一點紅，誰會記得「萬綠」呢？而那「一點紅」就算人們不特別去注意，卻也很快進到腦海裡去了，原因無他，就因為他特別。這就是萊斯托夫效應。

　　這樣的效應，說穿了一點也不讓人意外，因為生活當中隨處可見人們運用這個效應讓他人印象深刻。許多業務為了讓客戶對自己產生印象，總要幫自己取個朗朗上口的綽號或英文名。而不論是在學校的畢業舞會，或者金馬獎的星光大道上，男男女女精心打扮、別出心裁也為了讓人留下記憶。

　　而在學習的過程當中，萊斯托夫效應是否可以幫助學生提升記憶能力呢？當然可以，而且大部分的人早已不知不覺地應用在學習上了──那就是畫重點，尤其是專屬於自己學習的各種方式。當課本密

密麻麻都是文字，看過去眼睛都看花了也常記不住什麼，但是用了紅筆畫線、螢光筆塗亮之後，再次閱讀時，那些重點便會在白紙黑字中突出，加深了你的印象，也就更容易記憶下來。

不過這裡也要提醒各位習慣畫重點的同學：千萬不要畫得整頁到處都是五顏六色的重點啊！當一張頁面上頭花花綠綠都是重點，就等於沒有重點，萊斯托夫效應也就失效了，反而沒辦法提升記憶力喔！

≫ 延伸連結

編號 66｜虛虛實實的記憶

編號 72｜記憶強化的新近效應

搭配成語

①令人矚目

因為傑出、特殊而引人注意。矚目，音ㄓㄨˇ ㄇㄨˋ。注視。也作「引人矚目」。㊀備受矚目。㊁不足為奇。

②引人入勝

引人進入美妙的境地。多指風景名勝或詩文非常吸引人。勝，勝地；美妙的境地。〔晉·郭澄之·郭子：三日不飲酒，覺形神不復相親，酒

自引人入勝地耳。〕〔清・夏敬渠・野叟曝言・第一二〇回・總評：如桃花流水，引人入勝，當澄心靜氣讀之。〕

③物以稀為貴

東西的數量少而顯得特別珍貴。逝鳳毛麟角。皮俯拾即是。〔唐・白居易・小歲日喜談氏外孫女孩滿月：物以稀為貴，情因老更慈。〕

74 恍然大悟的醞釀效應

問題解決、時間

　　醞釀效應 (brewing effect) 是指人對困難的問題遲遲無解，將問題擱置一段時間之後，突然得到了解方。就像「釀造」美酒一般，從葡萄開始發酵到葡萄酒，最不可少的就是「時間」，許多問題的答案也需要時間來醞釀。

　　歷史上最著名的醞釀效應便是阿基米德 (Archimedes) 發現浮力原理的過程了：在古希臘，有位國王訂製了一頂純金的王冠，王冠完成後他開始懷疑工匠是否在製作過程偷工減料摻入其他成分。國王將這個難題交付給阿基米德，阿基米德想破頭仍百思不得其解，因為這王冠的重量和原本交給工匠的金塊重量是一樣的。有天他索性讓自己放下這個難題，好好的享受泡澡，就在坐進浴池時看見浴池的水溢了出來，他突然發現了浮力的原理，最後運用他的新發現成功揭穿了工匠的詭計。

　　你是否也曾經有過被一個問題卡關很久而無法解答的經驗呢？這時候不妨考慮暫時將問題放下，做些別的事情轉移注意力。心理學家認為，將難題擱置，只是我們意識上不加以理會，但關於這難題的訊息會被儲存在潛意識當中重新組合，而當人卸下了之前解決不了問題的焦慮時，反而讓思路有轉彎的機會，創造出新的思維。

　　歷史還有許多重要的發明與發現都是科學家經過醞釀效應後才誕生的，包括六邊形的苯環結構也是，它還是德國化學家凱庫勒

(August Kekulé) 在睡夢中醞釀出來的呢！在這之前，科學家認為苯的分子結構是鏈狀的長長一條，但卻又與許多科學證據不吻合。有天凱庫勒在睡覺中夢到了一隻蛇，那隻蛇突然咬著自己的尾巴變成一個圓圈，凱庫勒在夢中驚醒，領悟了原來苯就是頭咬尾巴的環狀結構嘛！（見附圖）

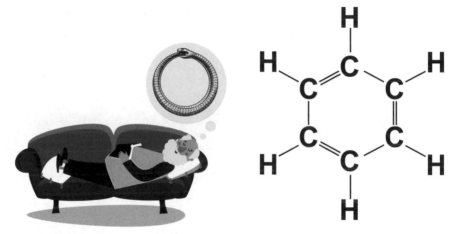

凱庫勒夢到一隻咬著自己尾巴變成一個圓圈的蛇

凱庫勒發現的苯環結構

在學校，老師是否曾經告訴過你考試時如果遇到解不出來的數學題目，就先跳過去，等到其他題目都寫完了再回過頭來寫呢？一方面是要讓你不要花太多時間在同一個題目上，反而來不及寫完整張考卷；一方面說不定在你跳過這題後的那段時間當中，解題的方法不知不覺就被你醞釀出來了呢！

搭配成語

① **靈光乍現**

靈感突然出現，念頭豁然貫通。靈光，靈性、自性之光。這裡借指頓悟的念頭。乍，突然。也作「靈光一閃」。近靈機一動。反百思不解。〔西遊記‧第二十回：那長老常念常存，一點靈光自透。〕

② **靈機一動**

指突然想出主意或辦法來。靈機，靈巧的心思或計謀。近靈光一閃。反束手無策。〔清‧文康‧兒女英雄傳‧第四回：俄延了半晌，忽然靈機一動，心中悟將過去。〕

③ **恍然大悟**

頓時醒悟過來。恍然，猛然清醒的樣子。悟，明白。近茅塞頓開；豁然貫通。反大惑不解。〔三國演義‧第七十七回：於是關公恍然大悟，稽首皈依而去。〕

④ **茅塞頓開**

比喻受到啟發而頓時開悟、明白。茅塞，音ㄇㄠˊ ㄙㄜˋ。茅草長滿山徑。比喻知識未開，思路不通。頓，立刻；突然。近豁然貫通。反大惑不解。〔孟子‧盡心下：今茅塞子之心矣。〕〔西遊記‧第六十四回：我身無力，我腹無才，得三公之教，茅塞頓開。〕

⑤ **如夢初醒**

像從夢中醒來。比喻從錯誤或迷惑中醒悟過來。近恍然大悟；大夢初醒。反執迷不悟。〔明‧馮夢龍‧東周列國志‧第十一回：寡人聞仲之言，如夢初醒。〕

75　大腦運動的斯特魯普效應

史楚普效應

　　斯特魯普效應 (Stroop effect) 或譯為「史楚普效應」，是由美國心理學家斯特魯普 (John Ridley Stroop) 提出的，指的是文字的字義認知會影響到色彩的判斷。

　　相信很多讀者應該都嘗試過這個有趣的測驗（見附圖）：左圖中的文字字義和顏色都是一致的（例如「藍」字），右圖中的文字字義和顏色則都不一致（例如「藍」字）。測驗的指令是「逐一唸出文字的顏色」，例如看到「藍」字時要唸出「灰」。每個人都一樣：在逐一唸出字義和顏色一致的左圖文字時，速度會快且流暢；但在逐一唸出字義和顏色不一致的右圖文字時，不但速度變慢，還可能錯誤百出。

藍	灰	黑
灰	藍	灰
藍	黑	黑

1.請唸出文字的顏色

藍	灰	黑
灰	藍	灰
藍	黑	黑

2.請唸出文字的顏色

　　為什麼會這樣呢？這就是斯特魯普效應：你可以試著唸出下面兩排圖案與文字的顏色看看：

　　⑴黑藍灰

　　⑵●●●

　　哪個快呢？一定是單純圖案的⑵排會讓你唸得比較順暢。因為⑵排只是圖案加顏色，人類看⑵排時只會接受到一種刺激：色彩本身，但是⑴排則是文字加顏色，而文字本身又與實際字義不同，因此人類看⑴排時會接收兩種刺激：色彩本身及文字實際字義代表的顏色，兩種刺激產生干擾，降低了你的思考速度。相反的，如果字義代表的顏色與字體的顏色一致時，兩種刺激加成下則是加速了你的思考速度。

　　關於斯特魯普效應的產生有許多研究，最容易理解的原理是：當人類的知覺（如視覺）要化作文字時，需要編碼加工。

　　你可以再試試下面的兩個指令：

　　⑴黑藍灰：唸出文字本身。

　　⑵黑藍灰：唸出文字實際上的顏色。

　　是不是測試⑴比較快呢？當看到「黑」這個字而要唸出「黑」時，大腦內的運作是直接由語言連結語言的；當看到「黑字的藍顏色」而要唸出該顏色「藍」時，中間則需要經過編碼加工，將看到的「藍顏色」轉換成語言的「藍」這個字，所以會多花腦筋一點時間。

　　大腦是不是很有趣呢？

 搭配成語

①混淆視聽

以假象或謊言使人分辨不出真假對錯。混淆，音ㄏㄨㄣˊ ㄧㄠˊ。混雜、

擾亂。視聽，見聞。⑰以正視聽。〔三國志·魏書·袁紹傳·裴松之
注：如此之類，正足以誑閡視聽，貽誤後生矣。〕

②**看朱成碧**

把紅色看成了綠色。形容心亂目眩，無法分辨真相。〔南朝·梁·王僧
孺·夜愁示諸賓：誰知心眼亂，看朱忽成碧。〕〔唐·李白·前有一樽
酒行二首（其二）：催弦拂柱與君飲，看朱成碧顏始紅。〕

③**黑白分明**

黑色和白色分得一清二楚。比喻是非、好壞分辨得很清楚。⑬一清二
楚。⑰顛倒黑白。〔漢·董仲舒·春秋繁露·保位權：黑白分明，然後
民知所去就。〕

76　美夢成真的
　　畢馬龍效應

期待效應、羅森塔爾效應、自證預言、霍桑效應

　　畢馬龍效應 (Pygmalion effect) 或稱為 「期待效應」，是指個人的行為會因為他人抱持的期待而有所改變，通常指的是比原先表現得更好。「畢馬龍」一詞出自希臘神話的典故：有一名為畢馬龍的雕刻家，非常熱愛自己雕刻出來的女神雕像，他每天都對著雕像說話，希望她能成為他的妻子，結果那座女神雕像真的如他所願，變成真人當他的妻子。因此畢馬龍效應指的便是，事物會因人有所期待而改變。

　　羅森塔爾效應 (Rosenthal effect) 可以說是 「畢馬龍效應 2.0 版」。羅森塔爾是一位教育心理學家，他曾做過一個有趣的實驗：他告訴老師他幫學生做了測驗，部分學生資質很好 (列入甲組)、其他學生資質較差 (列入乙組)，但事實上羅森塔爾說了謊，學生是隨機分為兩組的，兩組的平均資質相當。然而一段時間之後羅森塔爾回到學校，當他再次幫兩組學生做測驗時，他發現被老師誤以為資質較好的甲組，在分組後的成績明顯優於乙組。羅森塔爾效應發現，即使老師在兩組的教學沒有差別，但因為老師心中認定甲組學生資質較好，在潛移默化當中讓甲組學生也感受到老師較高的期待，因此進步得更多。

　　自證預言 (self-fulfilling prophecy) 又稱「自我實現預言」，也可以算是「畢馬龍效應 3.0 版」了。從字面上來說便可了解，自證預言說的就是人對自我的期許，在往後得到實現。有學者認為，上述羅森塔爾效應中所列舉的實驗，其效果實際上是來自於甲組學生的自證預言：

當老師心中認定甲組的學生資質較好時，對於學生會產生差別態度，連帶影響學生的自尊與自信，於是甲組學生也認定自己是資質較好的並期待自己有更好的表現，一段時間後也如實做到了更好的表現。

　　不論是父母面對子女，或者長官面對下屬，鼓勵與期待永遠勝過責備與唱衰，多多利用這些心理效應，才能讓子女或下屬的表現愈來愈棒！而我們也常勉勵青年學子要給予自我期許，除了能給自己訂定一個前進目標之外，也能透過自證預言的心理效應幫助自己達標！

　　補充說明的是，畢馬龍效應似乎和「霍桑效應」所帶來的「旁觀者效應」有些許的類似，但兩者並不相同。霍桑效應所帶來的影響並非來自於「期待」，而是因為「被關注」，讀者可以進一步參看〈群情激昂的霍桑效應〉篇。

❖ 延伸連結

編號 77｜群情激昂的霍桑效應

搭配成語

①有志竟成

只要有堅強意志，事情終究可以成功。用來勉勵人立志上進，做事要有決心和毅力。原作「有志者事竟成」。㊄事在人為。㊐半途而廢。〔後漢書・耿弇傳：將軍前在南陽建此大策，常以為落落難合，有志者事竟成也。〕

②望子成龍

希望自己的兒子能夠成為人中之龍。多與「望女成鳳」連用。〔清・文

康‧兒女英雄傳‧第三十六回：無如望子成名，比自己功名念切，還加幾倍。〕

③心想事成

心中的想法都能夠實現。形容順心如意。近如願以償。反事與願違。

④如願以償

按照自己的心願得到實現。償，實現。也作「得償所願」。近夙願以償。反好事多磨。〔唐‧韓愈‧新修滕王閣記：儻得一至其處，竊寄目償所願焉。〕〔清‧李伯元‧官場現形記‧第四十六回：後來巴祥甫竟其如願以償，補受臨清州缺。〕

⑤夙願以償

平日所懷的願望得以實現。夙，平常的；一向的。償，實現。也作「償得夙願」、「宿願以償」。近得償所願。〔清‧李伯元‧文明小史‧第四十回：若得此人為妻，也總算償得夙願了。〕

⑥美夢成真

美好的願望得以實現。近天從人願。反化為泡影。

77 群情激昂的霍桑效應

觀察者效應、宣洩效應

　　霍桑效應 (Hawthorne effect) 又稱觀察者效應 (observer effect)，指的是心理因素會影響工作效率及表現的現象，特別是當人知道自己成為被關注的對象時而改變行為的反應。

　　霍桑效應裡的「霍桑」不是人名，而是一家工廠的名稱，1924 年至 1933 年間這家工廠曾經進行管理學實驗，研究結果證實，藉員工情緒的改變能提高生產效率，效果甚至高過改變工作環境與條件。

　　霍桑效應是在很意外也很有趣的情況下被證明的，當年霍桑工廠原本想研究的是 「工廠不同的照明條件是否影響工人的工作效率」，於是將工廠分為兩區，甲區是實驗組，裝上較好的照明設備，而乙區是對照組，使用原本較不明亮的照明。以現代的角度來看，想當然耳的一定是明亮的實驗組裡的工作效率較高，事實上的結論也是如此，但當時讓研究主持人跌破眼鏡的是，

沒有做任何照明設備變動的對照組的工作效率也同時提高了！而且提高的幅度高於因為照明設備不同所影響的差距。

為什麼沒有改變任何照明設備的乙區工人的工作效率也大幅提高了呢？因為即使乙區的工作條件沒有任何的改變，但乙區的工人知道他們正在接受實驗，也就是被觀察當中，於是他們也不自覺的提高了工作表現。

不過有許多專家曾對霍桑效應提出質疑與修正，許多人認為霍桑工廠工人意外的表現，除了「被關注」之外，也因為心理學上的「宣洩效應」。在這個實驗之前，主持人先花了很長的時間訪談兩萬多名的工人，讓他們自由表達對工作條件的不滿。而當實驗開始，工人知道這個實驗的目的是為了證實改善工作條件可以增加工作效率，而這樣的改變是工人自己所期待的，從中感受到工廠管理者重視且關心他們的工作條件，於是不論甲區或乙區的工人都自動自發地更加賣力工作了！

霍桑效應真正應用在管理上的結論是：一、提高生產效率的因素是員工情緒，高於工作條件。二、關心員工的情感和不滿情緒，有助於提高員工的生產效率。所以，可別曲解了霍桑效應的真正內涵——千萬不要以為在公司或教室裡裝上監視器，就能提高員工、學生的表現喔！

搭配成語

①讚不絕口

不停地稱讚。絕，停止。㉑有口皆碑；交口稱譽。㉕交相指責；口誅筆伐。〔明‧馮夢龍‧警世通言‧卷二七：字勢飛舞，魏生讚不絕口。〕

②**論功行賞**

按照功勞大小，給予相當的獎賞。㊄賞罰分明。㊃賞罰不公。〔管子·
地圖：論功勞，行賞罰，不敢蔽賢有私行。〕

③**含蓼問疾**

不辭辛苦，問候疾病。指君主刻苦自勵，與軍民同甘共苦。蓼，音
ㄌㄧㄠˇ。一種草本植物，有苦味。借指辛苦。㊄恫瘝在抱；視民如傷。
㊃率獸食人。〔三國志·蜀書·先主傳·裴松之注引習鑿齒曰：「觀其
所以結物情者，豈徒投醪撫寒、含蓼問疾而已哉！」〕

78 自我陶醉的
達克效應

鄧寧－克魯格效應、過度自信、謙卑

「鄧寧－克魯格效應」(Dunning-Kruger effect)，通常簡稱為「達克效應」(D-K effect)，是個很有趣卻又發人省思的心理學效應，發明者美國心理學家鄧寧與克魯格還因此成為 2000 年「搞笑諾貝爾獎」心理學獎的得主。「達克效應」指的是一種人對自我認知的偏差，能力差的人容易出現不合理的自我優越感，錯誤的認為自己很優秀、比實際情況還優秀，過分自信、甚至自大。

達克效應的發現並非要嘲笑能力差者的自不量力，而是經由研究證實，能力差的人因為無法準確評估自己的能力，而無法了解自己的無能，因此常高估自己的能力。能力差的人唯有經過自己不斷學習及成長，才能回過頭了解過去自己的無能。著名的生物學家達爾文 (Charles Robert Darwin) 也曾說過：「無知比知識更容易招致自信」。

此外，鄧寧與克魯格也發現能幹的人反而容易低估自己的能力，錯誤的以為自己很容易就能完成的工作，別人也能輕鬆完成。

從附圖「達克效應曲線」中可以看到，很多人在稍稍有些能力時，就容易出現過分的自信，就是我們常說的「半瓶水響叮噹」；而當人懂得更多時便會開始覺得謙卑，認為自己知道的仍十分不足，就是「稻穗越飽滿越低頭」了。

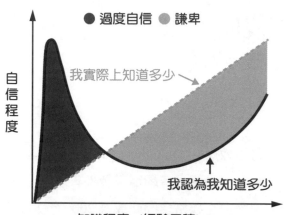

● 過度自信　● 謙卑

自信程度

我實際上知道多少 →

我認為我知道多少

知識程度 （經驗累積）
達克效應曲線

　　關於有能者的謙卑，這道理似乎古今中外皆然：莎士比亞 (William Shakespeare) 在他的著作《皆大歡喜》(*As You Like It*) 中寫到：「愚蠢的人總認為自己很聰明，而智者卻知道自己的無知。」孔子也說過：「知之為知之，不知為不知，是知也。」不過有趣的是，無能者過分自信的達克效應在日本人身上似乎得不到相同的印證喔！有日本學者研究發現，在日本文化下，不論自己真實的能力是能幹或低下，日本人通常都會遠遠低估自己的能力。所以看來這個在美國誕生的達克效應也不一定能適用於每一個族群呢！

搭配成語

①自作聰明

自以為很聰明而率然行動。近自以為是。反自知之明。〔明‧余繼登‧典故紀聞：苟自作聰明，而不取眾長，欲治道之成，不可得也。〕

②自我陶醉

為自己的表現或成就而自我欣賞，得意洋洋。近自命不凡。反妄自菲薄。

③班門弄斧

在巧匠魯班門前賣弄大斧。用以譏諷人不自量力，在行家面前賣弄學識技藝。班，魯班，即公輸子，古代的巧匠。近關公面前耍大刀。反知所進退。〔柳宗元・王氏伯仲唱和詩序：操斧于班、郢之門，斯強顏耳。〕〔宋・歐陽脩・與梅聖俞書：昨在真定，有詩七、八首，今錄去，班門弄斧，可笑可笑。〕

④夜郎自大

譏諷孤陋寡聞的人妄自尊大。夜郎，漢時西南方的一個小國。近妄自尊大。反妄自菲薄。〔史記・西南夷列傳記載：夜郎是個小國家，疆域和漢朝的一個縣差不多大。可是夜郎國王很驕傲，自以為擁有全天下最大的國家。當漢朝使臣來訪時，他竟不知天高地厚地問說：「你們漢朝的疆土有我國大嗎？」〕

⑤初生之犢不畏虎

剛出生的小牛不怕老虎。比喻年輕人膽大敢為，無所畏懼。犢，音ㄉㄨˊ。小牛。畏，也作「怕」或「懼」。也省作「初生之犢」。〔明・陸西星・封神演義・第七十三回：天祥年方十七歲，正所謂「初生之犢不懼虎」，催開戰馬，搖手中鎗沖殺過來。〕

⑥**不知天高地厚**

不知道天有多高，地有多厚。形容人懵懂無知而狂妄自大。〔紅樓夢・
第十九回：那是我小時候兒，不知天多高，地多厚，信口胡說的。〕

79 相形之下的 對比效應

比較、感覺對比、錯覺

在認知心理學中發現，人們對於事物的評斷準則是浮動不一的，經常會拿同時或先前的經驗當做標準來做比較。像這樣因為受到另一個刺激，而影響了對當下刺激的感受，就叫做「對比效應」(contrast effect)。

對比效應運用在感官上又稱為「感覺對比」(sensory contrast)。以視覺的對比效應為例，附圖一當中的兩個藍色圓形其實是同樣大小的，但因為受到周圍灰色圓形尺寸的影響，我們會有右邊藍色圓形比較大的錯覺；而附圖二則是顏色上的錯覺，左右兩個正方形的灰色深淺是一模一樣的，但在外圍長方形的顏色對比下，我們會誤以為兩個正方形的顏色不同。

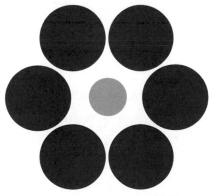

附圖一

附圖二

　　對比效應在生活上的應用十分廣泛，例如電影中如果要突顯女主角的耀眼奪目，只要挑選相貌平凡的路人甲圍繞在她身邊就行了！如果場景裡的路人甲同樣容貌姣好，便會形成「美女如雲」的態勢，反而無法襯托出女主角的美麗了。

　　而在商業的行銷手法當中，更是經常利用對比效應來創造商品「俗又大碗」的印象：例如當你走進珠寶店，店員先拿出質感普通的飾品推銷，接著再展示質感更好的飾品，藉由與前者的對比效應讓你對此一飾品驚豔，提高你的購買欲望；接著先告訴你這個飾品的定價為何，再告訴你今天特價打八折，或者直接在飾品的標籤上秀出畫了一槓的原價與今日的特價，藉由兩種價位的對比效應讓你萌生買到賺到、今天不買會後悔的念頭。你是不是也曾經因此而衝動消費呢？

　　成功的商人都是懂得人性所向，並且將心理學操作在生意上頭的！對比效應只是「消費者心理學」（consumer psychology）的應用手法之一，更多關於商業手法、廣告技巧相關的心理學效應，可以參考〈攻心為上的消費者心理學〉篇。

≫ 延伸連結

編號 57｜攻心為上的消費者心理學

搭配成語

①相形見絀

比較之下，顯出其中一方的不足。相形，比較。絀，音ㄔㄨˋ。不足。
⊛自嘆弗如。⊜不分軒輊。〔清・李綠園・歧路燈・第十四回：又見妻
樸，同窗共硯，今日相形見絀。〕

②相形失色

相較之下，差人一等而失去光彩。⊛望塵莫及。⊜略勝一籌。〔清・坑
餘生・續濟公傳・第一五五回：此時上苑裡雖然三十六宮都在，其間
不免相形失色。〕

③小巫見大巫

小巫師見到了大巫師，法術就無法施展。比喻相較之下，相差懸殊。
⊛相形失色。⊜不分軒輊。〔太平御覽・方術部・巫下引莊子：小巫見
大巫，拔茅而棄，此其所以終身弗如。〕〔南朝・宋・蕭常・續後漢
書・張紘：所謂小巫見大巫，神氣盡矣。〕

④比上不足，比下有餘

比起好的雖不及，但足以超過差的。表示中等或知足。〔漢・趙岐・三
輔決錄：上比崔、杜不足，下方羅、趙有餘。〕〔明・李開先・詞謔・

詞套：再點檢南呂，又得三套，比上不足，比下有餘。〕

⑤烘雲托月

作畫時渲染雲彩為背景，使月亮凸顯出來。後用以形容詩文或藝術創作中，利用別的東西襯托，使主角或主題更為凸顯的手法。烘，渲染；襯托。㊄烘托渲染；借客顯主。〔清・梁紹壬・兩般秋雨盦隨筆・卷四・詩家烘托法：〈詠方鏡〉詩云：「秋水一泓明見底，照來誰有面如田。」不言方而方字自見，此所謂烘雲托月法也。〕

80 正中下懷的 巴納姆效應

巴納姆效應、佛瑞效應

　　巴納姆效應（Barnum effect，或譯為巴南效應），是一種屬於暗示性的心理現象。人們常常會認定某些籠統且多數人都有的人格、個性描述與自己相符，甚至認為是為自己量身訂做的，心理學將這種傾向稱為巴納姆效應，然而事實上，這類普遍性的描述，大多都適用於你我。巴納姆效應在日常生活中的應用相當普遍，例如算命、占星、每週運勢、心理測驗遊戲等，都可能暗藏了巴納姆效應，讓人覺得「神準」。

　　這個效應的發明者並非巴納姆，而是美國心理學家保羅·梅 (Paul Meehl)。之所以以巴納姆為名是為了表達對美國傳奇馬戲團大亨巴納姆 (Phineas Taylor Barnum) 的敬意。巴納姆的傳奇故事在 2017 年被改編為電影《大娛樂家》(*The Greatest Showman*)，他有句名言：「我們為每個人都準備了些東西！」("We've got something for everyone!") 意思是在他的表演當中，每個人都會看到自己喜歡的內容，覺得這場表演就像為他準備的一樣！而巴納姆效應便是在一段形容性格的描述當中，讓每個人都覺得，這段話說的就是他自己。

　　巴納姆效應也稱「佛瑞效應」(Forer effect)，心理學家佛瑞 (Bertram Forer) 曾經做了有趣的實驗：他對一群學生進行人格的測驗，然後依據測驗將分析出來的人格報告發給每位學生。每位學生實際上得到的報告內容是一模一樣的，內容都是籠統且一般性的描述，諸如「雖然知道自己個性上有些缺陷，但你都有辦法彌補」、「你看似強硬、

自律的外表掩蓋著不安與憂慮的內心」、「許多時候，你嚴重的質疑自己是否做了對的事情或正確的決定」、「有些時候你外向、喜歡交朋友；有些時候你卻內向、謹慎而沉默」等等。接著他問學生們覺得這樣的測驗分析結果準不準，從「0 分不準」到「5 分神準」讓學生回答，結果平均高達 4.26 分。也就是說，明明每個人的個性都不一樣，但是面對同樣的人格分析報告，竟然大多數的人都認為是符合自己個性的！你不覺得有些諷刺嗎？

下回看星座的運勢分析時，試著把各星座類別遮起來，看看是不是在十二種不同的分析內容中，或多或少都有跟自己的狀況相近的描述呢？

搭配成語

①當局者迷，旁觀者清

下棋的人容易迷惑，觀棋的人反能看清棋路。比喻當事者往往因考慮過多而陷入主觀片面，難免迷惑不清，反而旁觀者能客觀看清事實真相。也作「當局稱迷，傍觀必審」。或省作「當局者迷」。〔新唐書・儒學傳下：當局稱迷，傍觀必審。〕〔辛棄疾・戀繡衾詞：我自是笑別人底，卻元來，當局者迷。〕

②一語中的

一句話就說中了要點。的，音ㄉㄧˋ。箭靶的中心。比喻事物的關鍵處。
也作「一語破的」。⑱一語道破；一針見血。⑲不著邊際；不知所云。
〔清・趙翼・甌北詩鈔・七言古二・關索插槍巖歌：書生論古勿泥古，
未必傳聞皆偽史策真。｜清・李保泰・評：結句千古名理，一語破的。〕

③正中下懷

正好符合自己的心意。下懷，謙稱自己的心意。⑱稱心如意。⑲大失
所望。〔水滸傳・第六十三回：蔡福聽了，心中暗喜：如此發放，正中
下懷。〕

81 心心相印的愛情理論

喜歡、愛情量表、激情之愛、友誼之愛、愛情三角理論

不論是親身經歷過的愛情、從身邊的親朋好友那兒聽到的愛情，或者是從電影小說裡看到的愛情，相信每位讀者對於「愛情」(love) 都有不同的經驗與體認。英國劇作家莎士比亞 (William Shakespeare) 曾在他的作品《皆大歡喜》(*As You Like It*) 裡寫到：「愛情不過是一種瘋狂。」("Love is merely a madness.") 不曉得你是否也同意呢？

愛情，一直是許多心理學家有興趣的題目。佛洛伊德 (Sigmund Freud) 把追求愛情視為人對「自我理想」的需求，包含了依戀 (anaclitic) 和自戀 (narcissistic) 的成分，人會因「依戀」而把近似父母的人當成追求對象；因「自戀」而追求與現在的自己、過去的自己或理想中的自己相近的對象。馬斯洛 (Abraham Maslow) 認為愛情是人基本的需求，在他的「需求層次理論」中，「愛與歸屬感」是屬於第三層次的社交需求，人需要「被愛」、也需要「愛人」。

對一個人的感覺，究竟是喜歡 (like) 還是愛呢？這問題經常讓人傻傻分不清楚，相信很多讀者可能也曾有過類似的困擾。美國心理學家羅賓 (Zick Rubin) 認為「愛」的主要成分有三個：一、關懷 (caring)：重視對方的需求和感受；二、依附 (attachment)：希望可以被關心、被認同、並且與對方實際接觸；三、親密 (intimacy)：互相分享彼此的感受與想法。他認為喜歡和愛最大的不同之處在於：「喜歡」不會發展出彼此強烈的依附關係──也就是沒有「想和你永遠黏在一起」

的念頭。羅賓為「喜歡？愛情？傻傻分不清楚」的人設計了「愛情量表」(Rubin's Love Scale)，幫助大家測試自己究竟是喜歡某人還是已愛上了某人，有興趣的讀者可以上網搜尋喔！

心理學家哈特菲爾 (Elaine Hatfreld) 將愛分為兩種：激情之愛和友誼之愛。「激情之愛」(passionate love) 是一種強烈渴望與對方結合的愛，熱戀中的情侶正是處於這個狀態，包含了強烈的情緒變化、熱情與性吸引，它讓人容易感到焦慮與不安，見面或離開都讓人心跳加速，獲得滿足時會特別的快樂，沒得到回應時則會非常失落；「友誼之愛」(companionate love，或稱共情之愛，compassionate love) 則是包含了信任、責任與親密的穩定關係，建立在彼此相互尊重、理解、喜愛、與依戀的基礎上。這兩種愛是可變動的，一般來說激情之愛無法長久，通常不超過兩年，因此激情之愛久而久之可能演變成友誼之愛；而原本的友誼之愛也可能在日久生情之下進展成激情之愛。

美國心理學家史坦伯格 (Robert J. Sternberg) 發表了「愛情三角理論」(Triangular theory of love，又稱愛情三因論)，他認為愛情包含了三大要素，有如三角形的三個頂點：一、親密 (intimacy)：兩人在一起互相扶持並感到幸福愉快；二、激情 (passion)：渴望與對方發生性關係，滿足對方的性需求；三、承諾 (commitment)：決心愛對方，並努力保護這個關係。三大要素的有或無，能產生七種不同的愛的形式，只有三大要素都湊齊了，這分關係才是圓滿的愛；如果缺少其中一角，或者只存在一角，則非完整的愛情。而這三個角也不是像鑽石一般恆久遠的，隨著時間推移，三大要素可能會有漲有跌，愛情的形式也就跟著轉變（見附圖）。

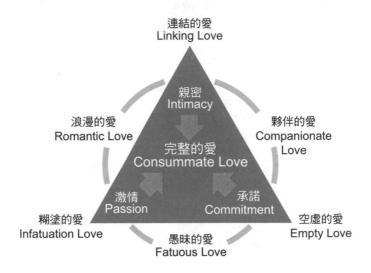

關於愛情的理論很多，就如同大家所知道的：愛情從來就不是簡單的！因此世界上存在著各式各樣不同的愛情，不會有兩段愛情是一個模子印出來的，也因此關於愛情的各種理論總有人讚，也總有人噓。另外，還有不少學者針對愛情提出以生理為基礎的研究比較加以驗證，有興趣也請繼續閱讀〈小鹿亂撞的愛情生理學〉篇囉！

搭配成語

①兩情相悅

彼此喜愛對方。近情投意合。反自作多情。〔清‧李伯元‧文明小史‧第十九回：只要被我挑選上了，兩情相悅，我就同他做親，有何不可？〕

②卿卿我我

男女間親愛的稱呼。形容親密恩愛的樣子。卿，稱對方。我，自稱。
㊒你儂我儂。㊃形同陌路。〔南朝・宋・劉義慶・世說新語・惑溺：親
卿愛卿，是以卿卿；我不卿卿，誰當卿卿？〕

③含情脈脈

含著無限的情思默默地凝視著。形容心中充滿情愛想說出來的樣子。
脈脈，音ㄇㄛˋ ㄇㄛˋ。同「眽眽」。凝視的樣子。也作「脈脈含情」。
〔戰國・楚・宋玉・九思・逢尤：目眽眽兮寤終朝。〕〔唐・李德裕・
二芳叢賦：一則含情脈脈，如有思而不得，類西施之容冶。〕

④山盟海誓

1 發下誓言保證愛情像山海一樣永恆不變。㊒金石之盟。㊃言而無信。
〔宋・趙長卿・惜香樂府・賀新郎：終待說山盟海誓，這恩情到此非
容易。〕 2 如山海般永恆不變的誓言。

⑤談情說愛

戀愛中人互訴情意。㊒卿卿我我。

⑥心心相印

原指不靠語言而以心法互相印證。今指兩人意氣相投或情意相合。
〔唐・裴休集・黃蘗山斷際禪師傳心法要：自如來付法迦葉已來，心
心印心，心心不異。〕〔宋・薛嵎・太古元西堂過萬壽謁住山肇淮海禪
師並簡：心心倘相印，亦足慰衰遲。〕

⑦情投意合

雙方感情契合，心意相通。近心心相印。反貌合神離。〔後漢書・卷二八・李賢注引馮衍與陰就書：是以意同情合，聲比相應也。〕〔明・馮夢龍・喻世明言・卷二二：也是天配姻緣，自然情投意合。〕

⑧情有獨鍾

特別鍾愛某一人事物。鍾，聚集。近一往情深。反三心二意。〔南朝・宋・劉義慶・世說新語・傷逝：聖人忘情，最下不及情。情之所鍾，正在我輩。〕〔清・陳球・燕山外史・卷二：竇生情有獨鍾，心無別戀。〕

82 怦然心動的愛情效應

重複曝光效應、出醜效應、相似吸引理論、吊橋效應、月暈效應

　　你是否想過，人是怎麼掉入戀愛的漩渦裡的呢？為什麼是她、而不是另一個她呢？在〈心心相印的愛情理論〉與〈小鹿亂撞的愛情生理學〉兩篇中，談到了與愛情有關的基礎知識，這篇要來跟各位讀者談談實務一點的題目了：「怎麼會愛上這個人？」或者反過來問：「怎麼讓這個人愛上我？」

　　關於這個問題，就連二十世紀最聰明的科學家愛因斯坦 (Albert Einstein) 也只能給個「雞肋」的答案，他說：「並非地球引力使人墜入愛河。」("Gravitation is not responsible for people falling in love.") 那麼究竟是什麼使人墜入愛河呢？恐怕連愛因斯坦也不知道。不過心理學家派因斯 (Ayala Pines) 在她的著作 *Falling in Love: Why We Choose the Lovers We Choose* 中提供了許多的線索，她歸納出影響人陷入愛情的主要因子有十一項，分別是：

1. 雙方是否有類似的價值觀、背景與人格傾向？
2. 雙方是否身處於相近的地理位置？
3. 是否擁有對方合意的性格與外表？
4. 雙方付出的感情是否對等？
5. 能否滿足對方的需求？
6. 能否激發對方生理及心理上的悸動？

7.在共同生活圈裡，是否得到親友們的贊同與助力？

8.能否在聲音、眼神、姿態及一舉一動中擁有彼此專屬的訊號？

9.是否做好開始新戀情的準備？

10.兩人能否有單獨相處的機會？

11.是否讓對方覺得有神祕感？

　　以上的這些論點，不知讀者你是否心有戚戚焉呢？接著，筆者將針對幾個要點說明，或許能幫助到有需要的讀者：

　　一、可近性 (proximity)：「近水樓臺先得月」這是古今中外皆然的道理，彼此距離愈接近，有任何需要時就愈容易見到對方，不需要說明為何同村莊、同班級、同社團、同一個辦公室總是容易出現情侶。即使在網路發達的時代，感情仍需要經常性的見面才能加溫。心理學有一個現象稱「重複曝光效應」(mere exposure effect)，指的是人們會單純對自己熟悉的事物產生好感，這也包括人際上的互動。這也說明了「工具人」或「死纏爛打」的追求招式還是有用的，不過前提是不要做出惹人厭的舉動喔！

　　二、個性特質 (character)：除了心地善良、幽默風趣、體貼溫柔等等屬於個人偏好的個性特質外，「了解自己」與「自信心」對於追求新戀情是最重要的。在〈美夢成真的畢馬龍效應〉篇中可以看到，對自我的期待本身就是一股幫助自己達成目標的助力。有自信的展現自己的優點，並且偶爾開誠布公自己的缺點，都能協助戀情的發展。心理學有個「出醜效應」(pratfall effect) 很有趣，意思是全然無缺點的人會讓人有距離感；相反的，平常精明、偶

爾犯點小錯，非但瑕不掩瑜，反而更受人喜愛。

三、相似度 (similarity)：不可否認的，家庭背景、社會地位、興趣和經驗的相仿有助於兩人相處融洽，但雙方在價值觀與態度上的相近才是發展親密關係的重要一環——這也符合了心理學上的「相似吸引理論」(similarity attraction effect)：不論是愛情或友誼的發展，態度、價值觀、興趣與吸引力的相近是最強的加溫因子，而個性上的相近則是次要的因子。如果都不相近怎麼辦？或許可以試試「鏡射效應」(mirroring)。（可參考〈透露訊息的肢體語言〉篇）

四、悸動 (arousal)：平淡無奇的互動歷程很難讓人印象深刻，創造出讓人怦然心動的一刻，或者正巧發生了讓人情感激發的意外情境，經常扮演愛情的臨門一腳。許多的友情也在遭逢重大事故之後昇華為愛情，除了「患難見真情」之外，「心理覺醒的歸因謬誤」(misattribution of arousal) 也可能是原因，「吊橋效應」就是有名的例了：站在吊橋上的心跳加速會讓人誤以為是愛上同行者而心跳加速。（可參考〈百感交集的情緒理論〉篇）

五、美貌 (beauty)：雖然殘酷，但這卻是不爭的事實：人都喜歡美好的事物。外表光鮮亮麗，便可產生「光環效應」(Halo effect) 讓人誤以為他的一切都像外貌一樣的美好。因此，各位羅漢腳們（男性單身漢）不要覺得「天然ㄟ尚好」！還是盡量把自己打扮的整齊、輕爽一些吧！（可參考〈月亮好圓的光環效應〉篇）

≫ 延伸連結

編號 12｜百感交集的情緒理論

搭配成語

①近水樓臺

「近水樓臺先得月」的省語。比喻地處近便而取得有利的機會或好處。〔宋・俞文豹《清夜錄》記載：范仲淹任杭州知府時，手下官兵都獲得推薦晉升，唯獨漏掉出差在外的巡檢蘇麟。於是蘇麟作了一首詩獻給范仲淹，詩中有「近水樓臺先得月，向陽花木易逢春」兩句。范仲淹看完後知道是自己疏忽，馬上補薦了他。〕

②青梅竹馬

形容孩童一起嬉戲的天真情狀。也指幼時結識的玩伴。青梅、竹馬，青色的梅枝、當馬騎的竹竿，皆舊時孩童喜愛的玩具。㊇兩小無猜。〔唐・李白・長干行：郎騎竹馬來，繞牀弄青梅。同居長干里，兩小無嫌猜。〕

③一見鍾情

男女初次見面就產生愛意。也泛指對人或事物一看見就很有好感。鍾，專注；集中。〔清・李漁・比目魚・發端：劉旦生來饒豔質，譚生一見鍾情極。〕

83 翻來覆去的失眠症

慢性失眠、睡眠衛生

　　失眠 (insomnia) 是大部分的人都有過的經驗，是讓人無法自然平穩進入或維持睡眠的症狀。關於正常的「睡眠」可以參考〈酣然入夢的睡眠〉篇，本篇要討論的則是讓人困擾的睡不好的問題。如何判斷失眠？具體而言，包括難以入眠、難以維持平穩的睡眠，或者很早就起床導致睡眠中斷等，有些人的失眠情形只有其中一種，嚴重的失眠則含括上述情形。

　　大部分的人都有過短期失眠的經驗，可能導致失眠的原因包括：㈠心理因素、㈡生活習慣、㈢輪班工作、㈣時差、㈤環境干擾、㈥生理疾病、㈦藥物、㈧物質濫用，例如酒精。許多人的失眠在問題解決，

或者生活重新調適過後就能獲得改善，但有些人卻在歷經某個時間點後再也難以安眠。只要失眠超過一個月，就是所謂的「慢性失眠」(chronic insomnia)。

很多慢性失眠的患者到後來已經忘記失眠是怎麼開始的了。事實上，任何身體、心理、環境上的問題都可能是慢性失眠的開端。但這些誘發失眠的因素遲遲未獲得改善，或者失眠的問題擺著未加以處理，一躺上床除了擔心原本煩惱的事情，還多了擔心睡不著。愈是焦慮擔心失眠就愈睡不著，愈是睡不著擔心的焦慮度就愈高，於是失眠的問題如滾雪球般愈滾愈大，愈來愈難以收拾。長期失眠會影響生理上的健康，包括免疫力下降、內分泌失調、頭暈頭痛、腸胃不適、血壓上升、血糖不穩定等，更會加速老化；也會影響心理與精神上的健康，可能導致焦慮、憂鬱、注意力不集中、記憶力減退等。對於青年學子來說，失眠更可能影響生長發育與學習效率。

若真的出現失眠的問題，應及早調整「睡眠衛生」(sleep hygiene) 習慣以改善睡眠品質：

在作息調整上：
一、上床起床的時間要固定，即使前一天沒睡好，隔天仍要按時起床。
二、睡前只從事不動腦的活動，例如泡熱水澡、簡單的伸展操、聽音樂等，避免準備隔天功課或報表、上網，或打電動。
三、若躺在床上半個鐘頭後還睡不著，就起來做一些鬆鬆的活動，如聽音樂、看閒書，等有睡意時再去躺。

在環境調整上：

一、適度的室溫，昏黃的光線，良好的通風，營造舒適的睡眠環境。

二、避免在床上做睡覺以外的事，不要在床上看書、看電視、吃東西、講電話。

在飲食禁忌上：

一、晚餐後禁喝茶、可樂、咖啡等刺激性飲料。

二、晚餐後少喝水及飲料，以免半夜一直起床上廁所。

三、睡前喝杯熱牛奶有助於睡眠。

　　如果自己已經試過上述睡眠衛生方法來調適，卻仍效果不彰，也可以至醫院尋求醫療上的協助。很多人的失眠可能是焦慮症、憂鬱症、酒精藥物相關疾患，或其他精神疾病的其中一項症狀，若只針對睡眠的問題反而只能治標而不能治本，能找出造成失眠的真正原因以及其他伴隨的身心症狀，並對症下藥才是徹底改善失眠問題的方法喔！

≫ 延伸連結

編號 85｜酣然入夢的睡眠

搭配成語

①輾轉不寐

形容思念深切或心中有事，翻來覆去無法入睡。輾，音ㄓㄢˇ。半轉。寐，音ㄇㄟˋ。睡。⑱輾轉反側；翻來覆去。⑲酣然入夢；鼾聲如雷。〔詩經・周南・關雎：求之不得，寤寐思服。悠哉悠哉，輾轉反側。〕

〔宋·洪邁·夷堅乙志·卷八：既寢，輾轉不寐，聞擊床屏者三。〕

②輾轉反側

形容思念深切或心中有事，翻來覆去無法入睡。反側，猶言反覆。㊒輾轉不寐；翻來覆去。㊐鼾聲如雷。〔詩經·周南·關雎：求之不得，寤寐思服。悠哉悠哉，輾轉反側。〕

③翻來覆去

1形容身體不停翻動，睡不著。㊒輾轉反側。㊐酣然入夢。〔宋·楊萬里·不寐：翻來覆去體都痛，乍暗忽明燈為誰？〕2形容來來回回，重複不已。㊒反覆無常。〔水滸傳·第六回：林沖把這口刀翻來覆去看了一回，喝采道：「端的好把刀！」〕3形容事物多變。㊐始終如一。〔宋·吳潛·蝶戀花：世事翻來還覆去，造物兒嬉，自古無憑據。〕

④夜貓子

原指貓頭鷹。比喻喜歡晚睡或夜間不睡的人。〔清·文康·兒女英雄傳·第五回：這老梟大江以南叫作貓頭鴟，大江以北叫作夜貓子，深山裡面，隨處都有。〕

84　日有所思的夢境

快速動眼期睡眠、潛意識、清醒夢、預知夢

　　夢 (dream) 是睡眠時在腦中產生的影像、聲音、感覺與思考，它是一種主觀經驗，目前無法透過儀器觀察或記錄他人夢的內容。在〈酣然入夢的睡眠〉篇中可以知道，做夢通常發生在睡眠週期中的「快速動眼期睡眠」(REM sleep)。

　　自古以來，夢就是人類世界中非常神祕的存在，因為每個人都會做夢，而夢境中可以發生各種奇奇怪怪的劇情，卻又似乎與真實世界有某種程度的關聯性，也因此有「日有所思，夜有所夢」的說法。有時候夢能牢牢記住一輩子，但除非你有把夢境寫下來的習慣，否則大多數的夢會在起床後半個小時內就忘記。

　　在大多數的夢裡，做夢者就像看電影的觀眾，只能順著夢境自然發展，無法自由的操控夢中的自己，即使是光怪陸離的內容也感覺真實。但有些人會有「清醒夢」(lucid dream) 的經驗，是做夢者在睡眠的狀態下依然保持意識清醒，可以知道自己目前是在夢中，甚至可以像電影的導演一樣操控夢的發展。

　　心理學大師佛洛伊德 (Sigmund Freud) 認為「夢是通往潛意識的捷徑」，意思是夢的內容與潛意識裡的想法息息相關。夢可以有各種不同的主題，可能很寫實就像日常生活一般，也可能極度超現實包含鬼怪科幻的內容。

　　既然夢與人類潛意識中的想法有關，夢的內容是否有什麼意義呢？民間流傳《周公解夢》一書，而近代西方有佛洛伊德所著的《夢的解

析》(*The Interpretation of Dreams*)，都是試圖從夢境推測出自己內心深處的想法，然而夢境反映的仍是現實的一部分，因此在不同的文化下所產生的夢或許也代表著不同的意義。舉例來說，「被人追趕」與「考試」的夢是很多人都有做過的，不論是《周公解夢》或《夢的解析》，都認為「被人追趕」的夢代表著在真實世界裡，做夢者處於讓人感到緊張、焦慮，甚至是害怕、恐懼的壓力當中，而被不同的人或鬼怪追趕也代表了真實世界裡不同的壓力；但對於「考試」的夢兩書則有不同的看法：《周公解夢》裡考試是好兆頭，預示了真實世界即將到來的功成名就與理想實現；《夢的解析》則認為夢見考試其實是「超我」對於自己的要求與批判，也就是自己給自己考試。

佛洛伊德還發現了有趣的現象：如果你也有夢到考試的經驗，會發現通常夢到的是真實世界中已通過的考試，但夢境中的自己是非常緊張的，反倒不常夢到真實世界中失敗的考試，這或許也暗示了潛意識當中，「超我」仍然狐疑自己怎麼會僥倖通過那場考試呢！

另外，對於夢的看法，還有許多不同的見解。舉例來說，相對於佛洛伊德認為夢是一種被壓抑的欲望或情感的隱晦表達，同樣是心理學大師的榮格 (Carl Gustav Jung) 則認為夢讓人對壓抑的潛意識發揮了「補償」與「超越」的作用。

一些人有過「預知夢」的經驗，夢到的內容似乎在不久後就發生了！這又是怎麼回事呢？大部分預知夢的內容常常是壞事發生，例如親人生病過世等等，少部分則是好事發生。事實上預知夢是來自於內心深處的焦慮或期盼，而這些原本就是創造夢境的原料。當做夢過後真的發生時，人們會說：「我之前有夢到這個結果！」這似乎就成了預知夢了；但如果做夢過後沒有發生呢？人們很快也就忘了曾經做過的

那個「沒有正確預知」的夢——最後當然只留下印象深刻的預知夢囉！

⁂ 延伸連結

編號 01 ｜ 互為表裡的人格

編號 05 ｜ 不能自已的潛意識

編號 85 ｜ 酣然入夢的睡眠

搭配成語

①午夜夢迴

深夜從夢中醒來。迴，回來。〔南唐・李璟・浣溪沙：細雨夢回雞塞遠，小樓吹徹玉笙寒。〕

②夢寐以求

連睡夢中都在期盼，追求。形容迫切地追求，期待某種願望的實現。寐，音ㄇㄟˋ。入睡；睡著。近朝思暮想。〔詩經・周南・關雎：窈窕淑女，寤寐求之。〕

③一場春夢

一場春宵好夢。比喻世事變化無常，轉眼成空。近南柯一夢；黃粱一夢。反心想事成；美夢成真。〔唐・張泌・寄人：倚柱尋思倍惆悵，一場春夢不分明。〕

④南柯一夢

比喻人生的榮枯得失變化無常，就像一場夢。也比喻空歡喜一場。南

柯,南邊的枝幹。囦一場春夢。〔唐・李公佐・南柯太守傳中記載:有位名叫淳于棼的人,有一天在一棵老槐樹下睡覺,夢到自己成了大槐安國的駙馬,同時也是南柯郡太守,享盡二十年的富貴榮華。後來因敵軍入侵,他領兵禦敵打了敗仗,被遣送回鄉才一夢醒來。夢醒後發現槐樹南邊枝幹上有個大蟻窩,竟和夢中的大槐安國很相似,於是想到人生的富貴貧賤,也不過是蟻夢一場。〕

⑤黃粱一夢

比喻榮華富貴的虛幻不實。黃粱,即粟米。〔唐・沈既濟・枕中記裡記載:盧生在邯鄲的旅店遇道士呂翁,盧生自歎窮困,呂翁便從囊中取出青瓷枕讓盧生枕著睡覺。這時店主人正在煮黃粱。盧生進入夢鄉,在夢境中享盡榮華富貴數十年。但一覺醒來,店家的黃粱竟尚未煮熟。〕

85 酣然入夢的睡眠

睡眠週期、快速動眼期睡眠、非快速動眼期睡眠

　　睡眠 (sleep) 是一種生物界中普遍存在的自然休息狀態，在睡眠狀態下生物會減少主動的身體運動，對外界刺激反應減弱，藉以恢復已經消耗的體力與精神。人的一生當中有三分之一的時間花在睡眠上，睡眠之於人就如同飲水、進食一樣的重要，睡眠的好壞與生理、心理健康息息相關。

　　生物的睡眠狀態有些共通點，例如固定的睡眠姿勢、最少的移動量、對刺激的反應力降低、可隨時中斷而恢復警覺等，但睡眠的時間點與長度則因物種而各有不同，而睡眠的表現也不盡相同，例如人是躺著睡的；馬是站著睡的；魚在睡著的時候，鰭仍會擺動以維持在水中的平衡。此外，牛在睡著的時候眼睛是張開的，但人則會閉眼睡覺，不過歷史上卻也有像三國時代張飛、臺灣義賊廖添丁睡覺時仍張開眼睛的傳奇故事。

　　人類正常的睡眠並非只是睡著……然後醒過來而已，而是有著「睡眠週期」(sleep cycle) 的變化（見附圖）。根據睡眠的狀態分成「快速動眼期睡眠」 (rapid eye movement sleep, REM) 與 「非快速動眼期睡眠」(non-rapid eye movement sleep, NREM) 兩階段：

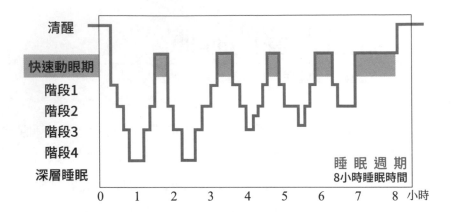

清醒
快速動眼期
階段1
階段2
階段3
階段4
深層睡眠

睡眠週期
8小時睡眠時間

0　1　2　3　4　5　6　7　8　小時

一、非快速動眼期睡眠：指附圖中的階段一到階段四睡眠。是大多數人理解的睡眠狀態。階段一與二通稱為淺層睡眠、階段三與四稱為深層睡眠。階段的不同主要依照睡眠時大腦運作的活躍性來區別，是透過腦波檢測而來的。

二、快速動眼期睡眠：附圖中灰顏色的階段。可以看到它在附圖中的位置介於淺層睡眠及清醒狀態的中間。在快速動眼期大腦運作又恢復活躍，就是一般人會做夢 (dream) 的時期，也是最容易中斷睡眠或驚醒過來的時候。許多人有「做夢就等於沒睡好」的迷思，事實上健康的睡眠是一定會做夢的！

簡單的說，當人躺到床上，會從清醒的狀態逐漸昏沉，從淺層睡眠的階段一、階段二，進入深層睡眠的階段三、階段四，再由深層睡眠階段四、階段三，回到淺層睡眠階段二、階段一，接著進入快速動眼期做夢。如果沒有醒過來，便會再進入淺層睡眠。這樣一來，在一般八個小時的睡眠過程中約有五到七次的週期。而愈接近睡眠的尾端，睡眠週期往往無法再進到深層睡眠而只在淺層睡眠循環，因此每個人

都會有愈到下半夜愈難睡熟，以及愈接近清晨愈多夢的經驗。當人刻意賴床拉長睡眠時間時會發現，雖然睡眠的時間拉長了，但後期賴床的時間卻經常是淺眠且多夢的，成語「夜長夢多」字面上的意思也算是有科學根據的呢！

在現代，有愈來愈多的人都面臨睡不好的困擾，然而事實上半數以上的「睡不好」是「自找」的。你有睡不好的問題嗎？可以參考〈翻來覆去的失眠症〉篇喔！

⋙ 延伸連結

編號 83｜翻來覆去的失眠症

編號 84｜日有所思的夢境

搭配成語 ↗

①臥榻之側，豈容他人鼾睡

自己睡覺的床邊，怎能容忍別人呼呼大睡。比喻不許他人侵犯到自己的利益。也作「臥榻豈容鼾睡」、「臥榻鼾睡」。⟨反⟩利益均霑；有福同享。〔宋・李燾・續資治通鑑長編・卷一六・太祖開寶八年：但天下一家，臥榻之側，豈容他人鼾睡乎！〕

②日出而作，日入而息

太陽東昇就開始工作，西落後才休息。原指古人單純簡樸的生活。後用以形容辛勤的工作。⟨近⟩夙興夜寐。⟨反⟩好吃懶做。〔宋・郭茂倩・樂府詩集・擊壤歌：日出而作，日入而息，鑿井而飲，力田而食，帝力於我何有哉？〕

③夙興夜寐

很早就起床，深夜才睡覺。形容非常勤勞。夙，音ㄙㄨˋ。早。興，音ㄒㄧㄥ。起來。寐，音ㄇㄟˋ。睡覺。〔近〕早出晚歸；夙夜匪懈。〔反〕好逸惡勞；飽食終日。〔詩經·衛風·氓：三歲為婦，靡室勞矣。夙興夜寐，靡有朝矣。〕

④夜長夢多

比喻時間拖長了，事情容易產生不利的變化。〔宋·王令·客次寄王正叔：夜長夢反覆，百眠百到家。〕〔清·李漁·凰求鳳·墮計：你就趁此時去做個了當，不要夜長夢多，又使他中變了。〕

86 經驗至上的時間知覺

時間感、時間錯覺、奇球效應

　　時間知覺 (time perception) 是指人在不使用任何計時器的情況下，單憑個人知覺對時間點、時間長度及時間順序的判斷。平常我們偶爾會以直覺猜測現在大約幾點鐘、離下課鐘響大約還有多久、兩件事的發生孰先孰後等，都是使用時間知覺的經驗。

　　人對於時間的感知，與其說是時間知覺，不如說是時間錯覺 (time illusion)，除了依賴客觀的外部時間工具如時鐘、太陽高度外，人只能依靠內部感知來判斷時間，例如心跳、呼吸、心理運行等等，而這是相當容易受到個人經驗、精神狀態與情緒干擾的。

　　對於時間知覺的錯誤，最有趣的例子，就在發明相對論的愛因斯坦曾說過的一段話當中。他說：「一個男人與美女對坐一小時，會覺得似乎只過了一分鐘；但如果讓他坐在熱火爐上一分鐘，會覺得似乎過了不只一小時，這就是相對論。」雖然愛因斯坦用這兩個例子來簡單說明相對論中的時間並非絕對，但也同時表達了人的時間知覺是很容易受到外在環境及內在感知所影響的。

　　此外，不知道你是否曾有過這樣的經驗：在一趟全新的旅途當中，人們常常會覺得去程所花的時間比較長，而回程的時候會有「怎麼一下就到家了？」 的感覺──這在時間心理學上叫做 「奇球效應」 (oddball effect)：人通常對第一次事件發生所花的時間主觀感覺較冗長，第二次事件發生時所花的時間預測則較為正常。就演化角度來看，

這與人在面臨危險或感覺害怕、緊張時，時間也會過得比較慢是同樣的一種自我保護機制，對於不熟悉的事件人所感知的時間流動會變慢，好讓人能夠有充分的機會觀察細節及思考，當遇到未知的突發狀況時才能及時反應。而當第二次、第三次……事件再發生時，因為已經有過經驗了，那時間變慢的感知就變得不必要了。

搭配成語

①一日三秋

一天不見，好像隔了三個秋季。形容思念殷切。秋，代表一年。三秋，指時間很長。也作「一日不見，如隔三秋」。㊒望穿秋水；朝思暮想。〔詩經・王風・采葛：彼采葛兮，一日不見，如三秋兮。〕

②度日如年

過一天如同過一年。形容心中焦急或處境困窘，日子難過。㊒一日三秋；苦不堪言。㊭樂在其中；渾然忘我。〔宋・柳永・（中呂調）戚氏：孤館度日如年。風露漸變，悄悄至更闌。〕

③光陰似箭

時光像射出去的箭。形容時間過得非常快。㊒白駒過隙。㊭度日如年。〔唐・韋莊・關河道中：但見時光流似箭，豈知天道曲如弓？〕〔全金元詞・劉處玄・踏雲行（其五）：光陰似箭催人老。〕

87　循環播放的
　　　耳蟲現象

耳蟲、不自主音樂意象、洗腦神曲

　　你是否有過腦子裡不斷浮現某段旋律或歌聲，會不由自主地哼唱、播放，難以停止的經驗呢？這種現象叫做「耳蟲」(earworm)，就像耳朵裡躲了一隻蟲不斷發出唧唧聲一樣。它的正式名稱為「不自主音樂意象」(involuntary musical imagery)，是一種自動冒出來、無法控制、想像出來的音樂。

　　但並不是所有的音樂都能讓人產生耳蟲現象。在臺灣我們常把某些歌曲冠上「洗腦神曲」的稱號，意思就是某首歌曲只需聽過幾次，很容易變成耳蟲，腦子裡重複播放這首歌曲揮之不去。研究顯示，洗腦神曲大多具備著簡單、識別性高、節奏感重的特點，能讓大腦一次又一次的演練，舉個生活常見實例，許多商品廣告為了加深消費者的印象，都以創造出朗朗上口的洗腦廣告歌曲為目標——閉上眼睛，相信每個人腦中都能反覆播放幾首廣告歌曲吧？

　　為什麼會有耳蟲現象呢？這牽涉到人類大腦的聽覺皮質 (auditory cortex) 的聽覺感受、情緒與記憶。在〈虛虛實實的記憶〉與〈與眾不同的萊斯托夫效應〉兩篇中說明了，關於人之所以對某些事物的記憶或印象特別深刻的原因，能造成耳蟲現象的音樂也是如此。造成耳蟲現象的主要因素，有些來自於洗腦神曲本身有難以被遺忘的特性；有些則是在特定場景下聽到了某首音樂而深深烙印在腦海裡，例如人處於失戀、最痛苦的時候，聽到了能呼應自己心情的歌曲，在接下來還

沒走出情傷的日子裡，那歌曲或許就變成他的耳蟲了。而研究顯示，如果在日復一日、一成不變的工作場所播放固定的音樂，當音樂停止播放時，許多人的腦子裡便自動填補音樂的空缺，出現耳蟲。

　　研究發現愈是從事音樂相關產業的人（例如音樂家），耳蟲現象的發生率就愈高。有趣的是，雖然我們普遍都有耳蟲的經驗，然而大多數的情況下，耳蟲帶給人的是愉悅的心情，只有三分之一會帶來生活的困擾。你聽過美國巨星女神卡卡 (Lady Gaga) 的代表作 "Bad Romance" 嗎？在 2017 年的研究中顯示，這首歌可是當代最常出現在年輕人耳朵裡的蟲呢！

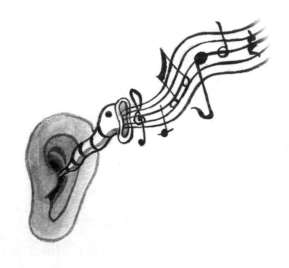

≫ 延伸連結

搭配成語

①餘音嫋嫋

歌唱或演奏雖已停止，悠揚的聲音卻依然繚繞不絕。形容音樂悅耳動聽，耐人尋味。嫋嫋，音ㄋㄧㄠˇ　ㄋㄧㄠˇ。也作「裊裊」。繚繞不絕的樣子。近餘音繚繞。反嘔啞嘲哳。〔宋・蘇軾・赤壁賦：餘音嫋嫋，不絕如縷。〕

②餘音繞梁

歌唱停止後，優美的樂音仍在屋梁間盤旋。比喻歌聲或樂聲之美令人回味無窮。近繞梁三日。反不堪入耳。〔列子・湯問：昔韓娥東之齊，匱糧，過雍門，鬻歌假食。既去而餘音繞梁櫃，三日不絕。〕

③千回百轉

反覆回旋，不斷縈繞。①形容思緒紆迴轉折。②形容歌聲婉轉繚繞。也作「千迴百折」。〔清・劉鶚・老殘遊記・第二回：那王小玉唱到極高三四疊後，陡然一落，又極力騁其千迴百折的精神，如一條飛蛇在黃山三十六峰半中腰裡盤旋穿插，頃刻之間，周匝數遍。〕

88 透露訊息的 肢體語言

身體語言、副語言

　　我們一般說的「肢體語言」，正確的來說應該是「身體語言」(body language)，意思是非口語表達的語言，例如藉由臉部表情、眼睛轉動、四肢的位置與動作、身體的姿勢等等來傳達心裡想表達的訊息，因此並非只是藉由「肢體」而已。

　　廣義的肢體語言，發源比口語表達的語言來得早很多，大部分的動物也會藉由肢體語言彼此溝通，例如蜜蜂會藉由跳 8 字型的舞蹈告訴同伴花蜜的方位。而在日常生活中，人們也會藉由寵物、家畜的肢體語言了解牠們，例如狗對著人搖尾巴便曉得正在釋出善意、狗的尾巴下垂則常常是表達臣服、畏懼的低落心情。

　　既然我們可以透過動物的肢體語言了解牠們，當然也可以藉由人類的肢體語言間接察覺人內心的想法。人的肢體語言，可以歸類為語言學上「副語言」(paralanguage) 的一個類型。副語言就是一個人傳達信息時「文字」以外的輔助信息，包括前面說的肢體語言、衣著打扮、說話時的音量、音調、抑揚頓挫、語助詞、嘆氣等，雖然不是文字卻能傳達部分內心的想法。

　　因此，藉由肢體語言或副語言往往更能了解人內心真正的想法──我們常說「眼神是騙不了人的」就是這個意思，當一個人說謊的時候，他可能會出現眼神飄移、反覆清喉嚨、聲調改變、手腳不安分等等的肢體動作，不論是故事裡的福爾摩斯或真實世界裡的警探，

都能藉由這些細微的肢體與聲調變化來推敲真相。

　　肢體語言也不經意的影響你的思想和情緒。例如當你上臺報告時，發現臺下的主管或老師兩手臂在胸前交叉、身體往後傾斜、臉上皺著眉頭，你立刻會有「糟糕」的感覺──冷汗答答答的就冒出來了；如果你發現主管或老師身體向前傾斜、兩手掌微合像朝上的正三角形、不時點頭，你立刻感受得到他對自己的報告有興趣。

　　因此，多了解肢體語言或許也能幫助生活與工作！當工作面試的主管發現應徵者在面試時不斷的搓手，有經驗的主管都曉得這個應徵者處於相當焦慮緊張的狀態，會讓主管覺得這個應徵者沒自信；反過來說，如果應徵者知道自己緊張就會搓手，那麼訓練自己抑制舊的肢體語言，並且習慣做「抬頭挺胸」的姿勢，反而可以讓主管留下有自信的印象呢！

搭配成語

①眉目傳情

透過眼神來傳達情意。也作「眉眼傳情」。⑩暗送秋波。〔元·王實甫·西廂記·第三本·第一折：嗟眉眼傳情未了時，中心日夜藏之。〕

②頤指氣使

用下巴的動作或口鼻出氣來指使別人做事。形容指使別人時驕橫無禮的態度。頤，音一ˊ。下頷；下巴。⑩趾高氣揚。⑰平易近人。〔舊唐書·楊國忠傳：立朝之際，或攘袂扼腕，自公卿以下，皆頤指氣使，無不驚憚。〕

③擠眉弄眼

形容人用眉眼的動作表達情意。也形容鬼鬼祟祟的樣子。近眉來眼去；暗送秋波。〔元‧王實甫‧呂蒙正風雪破窰記‧第一折：擠眉弄眼，俐齒伶牙，攀高接貴，順水推舟。〕

④咬牙切齒

氣得咬緊牙關。形容憤怒、痛恨到極點。切，咬緊。近氣憤填膺。反笑逐顏開；眉開眼笑。〔元‧孫仲章‧河南府張鼎勘頭巾‧第二折：為甚事咬牙切齒，唬的犯罪人面色如金紙。〕

⑤手舞足蹈

雙手舞動，雙腳也跳起來。形容歡喜忘形的樣子。蹈，踩；踏。近歡欣鼓舞。反抑鬱寡歡。〔孟子‧離婁上：不知足之蹈之，手之舞之。〕〔水滸傳‧第三十九回：宋江寫罷……不覺歡喜，自狂蕩起來，手舞足蹈。〕

⑥抓耳撓腮

一下子抓耳朵，一下子搔臉頰。形容焦慮不安或欣喜過度的樣子。撓，音ㄋㄠˊ。搔；抓。近眉飛色舞；樂不可支。〔西遊記‧第二回：孫悟空在旁聞講，喜得他抓耳撓腮，眉花眼笑。〕

⑦愁眉不展

眉頭因愁煩而無法舒展。形容心事重重。近愁眉苦臉；憂形於色。反眉開眼笑；滿面春風。〔唐‧姚鵠‧隨州獻李侍御二首（其二）：舊隱每懷空竟夕，愁眉不展幾經春。〕

89 欲罷不能的上癮

成癮、報償系統、依賴、耐受性、戒斷

　　「上癮」這個詞彙或許你曾用在許多地方，例如：玩手機遊戲玩上癮了、吃這家餐廳吃上癮了等等，上癮在日常口語中通常指的是，對於某件事物十分熱衷著迷，但在醫學上「上癮」是有嚴格定義的，醫學用語為「成癮」(addiction)，指的是一種即使知道會有不良後果，卻仍反覆難以停止的強迫行為。有些讀者可能認為會讓人成癮的多半是違法的物品，例如大麻是其一，但事實上在我們身邊有許多「看似平常的物品」也經常是成癮的物質對象，像酒精成癮、菸草成癮、咖啡成癮、安眠藥成癮等等。除了前面所說的「物質成癮」外，還有「行為成癮」，例如網路成癮、賭博成癮等。

　　成癮過去被認為是單純的「不學好」、「意志力不堅定」、「自己不想改」等等心理因素所導致的問題，但近代的研究證實人會對某些物質成癮確實是因為大腦生病了！人類的大腦中有部分神經迴路構成「報償系統」(reward system)，負責讓人因需求被滿足時，腦內的內分泌「多巴胺」(dopamine) 會增加，因而得到愉悅感（例如肚子餓時吃大餐），它也和人類的學習（例如因學習或制約而某些行為被增強），以及正面的情緒有關。原本大腦的報償系統會讓人在接受正常的、好的刺激後得到「心情獎勵」(reward)，但在經過重複的、更強烈的刺激之後（如酒精、網路遊戲、賭博），報償系統會變得遲鈍、變得對一般生活中所能獲得的心情獎勵無感，同時對於壓力及負面情緒的抵抗力降低，於是會不斷的想藉由成癮的事物來獲得心情獎勵，對於成癮的事

物有「強烈渴望」(craving) 並且「失去控制」(loss of control)。在大腦中的報償系統是健康的狀態下，人不易對任何事物成癮；但是當報償系統失調、生病時，人便容易對特定的事物成癮。打個比方，失調的報償系統就像是被寵壞的小孩一樣，送他普通的玩具他無感，得送他超級昂貴的玩具他才有興趣。

成癮者對於他上癮的事物，會產生所謂的「依賴」(dependence)，就是一定要有它在身邊、隨時都需要它、不能沒有它！此外也有兩個通常會伴隨的症狀——耐受性及戒斷：

一、耐受性 (tolerance)：意思是對於成癮的事物會隨時間漸漸「適應」而「效力減弱」，於是同樣的使用量漸漸不夠給力、需要增加使用量才能得到原本的愉快感。以許多老菸槍的菸草成癮為例：「耐受」會讓他們的吸菸量愈來愈大，原本飯後一根菸就能「快樂似神仙」，經過十年之後，一天大多要十幾根以上的香菸才能讓他們有輕鬆的感覺。

二、戒斷 (withdraw)：是指在長期使用成癮事物後，突然停止或減少使用量會出現各種生理及心理上的難受症狀，以致於嚴重影響正常的生活與工作。例如許多臺灣上班族習慣每天早上喝咖啡提神，有些人會發現咖啡喝習慣之後便很難不喝它，因為一旦到了平常喝咖啡的時間卻沒喝，就開始會有嚴重的疲倦感、昏昏欲睡、難以專心工作，此外情緒也會變得低落、容易生氣與不耐煩，也容易出現頭痛、噁心、肌肉痠痛等類似感冒的症狀。這些就是醫學上所稱的「戒斷症狀」(withdraw symptoms)，不同的成癮物會造成不同的戒斷症狀。

　　除了香菸與咖啡之外，人還有許多容易成癮的事物，在〈黃湯下肚的飲酒〉篇裡，介紹了讓許多醫生、警察、社區、家庭都很困擾的酒精問題，其中也包含了酒精成癮的影響。不知道讀者是否也對某些事物上癮了呢？依據全球各國的調查報告，現在年輕人有滿高的比例會有「網路成癮」(internet addiction)、「遊戲成癮」(game addiction) 及「網路遊戲障礙症」(internet gaming disorder) 的問題，這些都是近二十年來才有的新興精神疾病，在現代人過度依賴電子產品的今日，適當的限制孩子使用電腦與手機的時間、鼓勵孩子有事當面講或電話講（取代傳文字訊息）、協助孩子發展戶外的興趣與嗜好、引導孩子參與真實的社團活動（而非網路上的活動）、規劃固定的家庭時間與有趣的家庭活動，千萬不要讓孩子產生「網路世界比真實世界有趣」的迷思喔！

≫ 延伸連結

搭配成語

①不能自拔

指陷於不利的境地，自己無法擺脫。近陷入絕境。反隨心所欲。〔宋書・劉義恭傳：世祖前鋒至新亭，勔挾義恭出戰，恆錄在左右，故不能自拔。〕

②欲罷不能

想要停止卻做不到。形容專心一事，不想停止。也指因局勢所逼，想停止卻無法停止。罷，停止。㊄不能自拔。㊐收放自如。〔論語‧子罕：夫子循循然善誘人，博我以文，約我以禮，欲罷不能。〕〔宋‧洪邁‧容齋四筆‧第六卷：予謂唐昭宗於是時尚復講此，而在庭無一言，蓋宮掖相承，欲罷不能也。〕

③一誤再誤

1 已經錯了一次，仍不引以為戒，再錯下去。誤，錯誤；差錯。也作「一錯再錯」。㊄重蹈覆轍；執迷不悟。㊐知過能改；迷途知返。2 指時間一再延誤。誤，延誤。〔宋史‧魏王廷美傳：太祖已誤，陛下豈容再誤邪？〕〔清‧沈德潛‧說詩晬語‧卷下：前賢讀書，不肯一誤再誤如此。〕

④自暴自棄

自己戕害自己，自己放棄自己。指自甘墮落，不求上進。暴，戕害。㊄自甘墮落。㊐自強不息。〔孟子‧離婁上：自暴者，不可與有言也；自棄者，不可與有為也。〕

⑤一失足成千古恨

一旦犯了錯，就會成為終身的遺憾。常用來勸戒人們行事要謹慎，不要犯錯或誤入歧途。千古，形容時間久遠。㊄一著不慎，滿盤皆輸。㊐放下屠刀，立地成佛。〔明‧孫緒‧雜著：錢狀元福才……既被劾去。有詩曰：「一失足為天下笑，再回頭是百年人。」〕

90　黃湯下肚的飲酒

酒精、酒精成癮、酒精耐受性、酒精戒斷

「對酒當歌，人生幾何！譬如朝露，去日苦多。慨當以慷，憂思難忘。何以解憂？唯有杜康。」這是東漢末年曹操所寫〈短歌行〉的一段，正點出了人與酒這幾千年來的關係。考古學研究發現大約在 9000 年前的新石器時代人類已知將水果釀成酒，而在有文字記載的世界各地歷史當中，酒一直都是被提及多次的飲食。

酒的主要成分是「酒精」(alcohol)，也是各種酒品裡頭對人影響最大的成分。酒除了和大部分的液體食物一樣有解渴的功用外，也有產生欣快感的放鬆作用，因此在社交與娛樂上被廣泛使用。酒和菸是全世界最普遍被用來「自我藥療」(self-medication) 的物質，因為兩者都是隨手可得的。而酒精常被人用來解決自己的生理與心理問題，例如減緩疼痛、減低焦慮、幫助睡眠等等。

大部分的成年人多少都有喝酒的經驗——當酒精喝下肚子之後，與多數食物營養在小腸吸收不同，酒精一進入胃就會被吸收，因此酒精對人身體帶來的影響是非常快速的。血液裡的酒精濃度愈高，影響就愈大。而血液中的酒精濃度高低和飲酒量有關，也和個人的體質有關，因此有人千杯不醉；有人卻一杯就倒。酒精對於人類大腦與神經系統有短期的影響與長期的影響。

酒一喝，血液中的酒精濃度一高，腦神經立即受到影響：血液中微量的酒精會讓人感到放鬆、愉悅，思想變得活躍，平日心理的防衛會因此而鬆卸，變得比平日大膽，也變得健談，歷史上許多詩人喝酒

之後文思泉湧，身心狀態就是處於這個階段。但即使血液中只有微量的酒精濃度，在判斷力、精細動作的協調力、反應時間上已經開始出現問題。

中量的酒精會開始明顯影響到肢體的動作協調與平衡感，走路開始不穩、講話口齒不清，會噁心、嘔吐；酒精濃度再高便開始影響身體正常機能，體溫可能過低或過高、皮膚感覺麻木、出現幻覺、呼吸抑制、血壓下降、昏迷，甚至死亡。當人開始出現口齒不清、走路不協調的狀況時，已符合醫學上「酒精中毒」(alcohol intoxication) 的診斷。然而即使未達酒精中毒的標準，血液中僅有相對低濃度的酒精成分時，也已經影響了判斷力及反應時間，因此以交通安全為考量的情況下，警察取締酒駕是更嚴格的標準。

長期且持續飲酒之後，人可能會產生「酒精成癮」(alcohol addiction) 或「酒精依賴」(alcohol dependence) 的問題，對於酒精有「耐受性」與「戒斷」的情況。有些人會藉由喝酒讓自己放鬆心情、或幫助睡眠，一開始可能喝半杯紅酒就有效果了，但漸漸的半杯沒有感覺，要一杯、兩杯、更多杯才能獲得最初半杯的效果——這就是人對酒精已產生了耐受性。而當長期飲酒的人想自願戒酒或者因為其他不可抗拒的原因（例如意外住院）而突然停止或減少喝酒時，可能會出現「酒精戒斷」(alcohol withdraw) 的症狀：包括心跳加快、冒汗、手抖、失眠、噁心、嘔吐、幻覺、躁動、焦慮等，嚴重甚至可能出現意識混亂或癲癇發作。

此外，酒精會造成人體對維生素 B1 的吸收變差，因此長期飲酒容易造成維生素 B1 的缺乏，進而造成腦部病變。研究發現長期飲酒的人大腦較一般人萎縮，可能比一般人更早出現腦部退化，即「酒精

性失智症」。不想年輕就失智，千萬不要酗酒！許多人有意願戒酒，卻可能因為停酒後隨之而來的酒精戒斷症狀令人難過而放棄戒酒，這實在是很可惜的一件事。如果有戒酒的意願，記得要透過醫療的協助，可以減輕停酒時的戒斷症狀，讓戒酒過程更加舒服順利喔！

≫ 延伸連結

編號 89｜欲罷不能的上癮

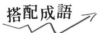

①瓊漿玉液

指美酒。〔戰國・楚・宋玉・招魂：華酌既陳，有瓊漿些。〕〔東漢・王逸・九思・疾世：吮玉液兮止渴，齧芝華兮療飢。〕〔唐・呂巖・贈劉方處士：瑤琴寶瑟與君彈，瓊漿玉液勸我醉。〕

②借酒澆愁

用飲酒的方式來消除憂愁。〔南朝・宋・劉義慶・世說新語・任誕：阮籍胸中壘塊，故須酒澆之。〕〔宋・王千秋・水調歌頭：座上騎鯨仙友，笑我胸磊魂，取酒為澆愁。〕

③花天酒地

形容沉迷於酒色之中。㊄燈紅酒綠；紙醉金迷。〔清・李伯元・官場現形記・第二十七回：到京之後，又復花天酒地，任意招搖。〕

④爛醉如泥

酒醉嚴重而無法站立。原作「醉如泥」。泥，依南宋吳曾能改齋漫錄事實所記，是南海中的一種蟲，體內無骨，「在水中則活，失水則醉」。故古人有「醉如泥」之語。近酩酊大醉。〔後漢書・儒林傳・周澤：一歲三百六十日，三百五十九日齋。｜唐・李賢注：漢官儀此下云「一日不齋醉如泥」。〕〔元・薛昂夫・倘秀才：真吃的爛醉如泥盡意呵。〕

⑤酩酊大醉

形容酒喝過多，醉得十分屬害。酩酊，音ㄇㄧㄥˇ ㄉㄧㄥˇ。醉得迷迷糊糊的樣子。近爛醉如泥。〔水滸傳・第四十三回：不到兩個時辰，把李逵灌得酩酊大醉，立腳不住。〕

⑥酒酣耳熱

喝酒暢意而耳根發熱。多用以形容人酒興正濃的歡暢情態。近開懷暢飲；酒醉飯飽。〔三國・魏・曹丕・與吳質書：每至觴酌流行，絲竹並奏，酒酣耳熱，仰而賦詩，當此之時，忽然不自知樂也。〕

⑦酒池肉林

酒成池，肉成林。原形容暴君的生活極端奢侈糜爛。後用以比喻生活奢侈無度。近花天酒地。〔史記・殷本紀：（紂）以酒為池，縣肉為林，使男女倮相逐其間，為長夜之飲。〕

91 小鹿亂撞的
愛情生理學

神經系統、內分泌系統、愛情荷爾蒙、性慾、吸引力、依附

在〈心心相印的愛情理論〉篇中我們介紹了關於愛情的各種心理學理論，這篇我們要從生理的角度來觀察愛情這件事。

我們人體內部的運作會因各種外在或內在的刺激隨時有所變動，要整合與調節人體各種生理功能則需要「神經系統」和「內分泌系統」共同運作。神經系統主要與大腦中樞神經有關；內分泌系統 (endocrine) 是由各種不同的荷爾蒙 (hormone) 及分泌它們的腺體所組成。同樣的，在愛情的世界裡，不管是愛人或者被愛，我們所有的感受也都和這兩個系統的運作有關，大致可以歸為三大層面，而這三個層面亦影響了愛情的發展：

一、**性驅力 (sex drive)**：動物本能的性需求，會驅使動物（與人類）尋覓可交配的對象，而這對象是廣泛而非特定單一的。

二、**浪漫的愛 (romantic love)**：這會激勵部分動物（與人類）拉長和單一對象的相處時間，能夠真正「在一起」，而非「一夜情」。就演化學來看，可以節省反覆求偶（尋覓交配對象）的時間與精力，增加成功繁衍後代的成功率。

三、**依附 (attachment)**：這會激勵已交配的動物（與人類），在雌性懷孕期間及產下幼子之後的時間仍持續「在一起」，這樣可以共同養育幼子，進而降低幼子在單親養育下可能遭遇到的飢餓、被

獵食等的風險。

這三個層面以無數靈活的組合模式彼此相互作用，進一步影響人類在愛情與性方面複雜的動機、情緒、和行為，因此人就可能對特定伴侶有深情的依戀，而對另一個伴侶感受到強烈的浪漫愛情，卻又在看帥哥美女的性感圖片時萌生更多的性慾。

在內分泌系統方面，一般常將與愛情有關的荷爾蒙統稱為「愛情荷爾蒙」。美國人類行為學家海倫・費雪 (Helen Fisher) 在研究愛情的報告中指出，愛情可以分三個階段，各階段所仰賴的愛情荷爾蒙是不同的：

一、**性慾 (lust)**：單純生理上的彼此吸引，為了生理（性）需求而接近對方。在男性，這是由雄性激素 (testosterone) 所激發的；在女性，則是雌性激素 (estrogen)。性慾是人類和動物共通的基本需求與驅力之一，大自然的設定是為了交配與繁衍後代。

二、**吸引力 (attraction)**：接著陷入愛情的漩渦裡，無時無刻不渴望對方的出現。為了對方會湧出無限的活力，只要想到兩個人可以一起做的事就興奮不已。因為對方而心跳加速、流手汗、胃口與睡眠改變，這些都是家常便飯：

　1.多巴胺 (dopamine)：多巴胺上升會加強人的動機、目的性的行為。它會讓人對愛人保持新鮮感、讓人覺得對方是特別且獨一無二的。它會讓人努力追求對方、幻想著和對方一同做的事，產生對愛的狂熱感。多巴胺本來就和「獎賞系統」與「上癮」有關，熱戀中的情侶不就像對彼此上了癮嗎？

2.正腎上腺素 (norepinephrine)：正腎上腺素也是當人面對壓力時，讓人準備「戰鬥」的荷爾蒙（可參考〈千斤重擔的壓力〉篇）。作用於愛情方面，它讓人「準備為愛而戰」：讓人充滿活力、心跳加速、對食物與睡眠的需求下降──這都是熱戀中男女的「症狀」啊！

三、依附 (attachment)：在親密關係持續三、四年以後，前面提到的多巴胺會開始減少、吸引力下降，過了熱戀期，愛情就交由「催產素」和「血管加壓素」接棒了。依附讓人期望得到對方永恆的承諾，在這個階段戀人們會想住在一起、結婚生子：

1.催產素 (oxytocin)：催產素和「忠貞」有關，催產素讓人想要永遠和對方黏在一起，專注於愛單一對象，而對其他誘惑與追求者沒興趣。

2.血管加壓素 (vasopressin)：血管加壓素和「占有慾」有關，它會讓人對伴侶的占有慾變強，變得「愛吃醋」。當有其他人接近伴侶時會讓人感到焦慮，並且隨時準備趕走競爭者。

在 〈心心相印的愛情理論〉 篇當中有提到，哈特菲爾 (Elaine Hatfreld) 將愛分為兩類，正也符合了上面所列的費雪的愛情三階段：「性慾」與「吸引力」展示了哈特菲爾的「激情之愛」，而如果最後修得正果，「依附」則體現了哈特菲爾的「友誼之愛」。總的來說，在愛情多樣且多變的樣貌底下，人體內的各種荷爾蒙悄悄地左右了我們對於伴侶或心儀對象的感覺、思考、與行為呢！

心理學家與行為學家在觀察各種與愛情有關的現象後，做出各式各樣的歸納與假說，想了解人類在追求愛情的過程中引發的各種效應，可閱讀〈怦然心動的愛情效應〉篇。

≫ 延伸連結

搭配成語

①情竇初開

初通情愛的感覺。形容少男少女剛萌生愛情。竇，音ㄉㄡˋ。孔穴。引申為開端。〔宋・袁采・袁氏世範・卷中・子弟當謹交游：禁防一弛，情竇頓開，如火燎原，不可撲滅。〕〔清・李漁・蜃中樓傳奇：我與你自情竇初開之際，就等到如今了。〕

②意亂情迷

形容有所愛慕而情意迷亂。近神魂顛倒。反心如止水。〔明・馮夢龍・三遂平妖傳・第十二回：或女欠著男，這一邊男全不放在肚裏，一般情牽意亂，短歎長吁，卻是乾折了便宜，這謂之單思。〕

③春心蕩漾

形容愛戀之情在心中波動。春心，指愛戀異性的情懷。蕩漾，水波起伏的樣子。近意亂情迷。〔南朝・梁・元帝・春別應令四首（其一）：花朝月夜動春心，誰忍相思不相見？〕〔明・洪楩・清平山堂話本・柳耆卿詩酒翫江樓記：柳縣宰看了月仙，春心蕩漾。〕

在深夜的電影院遇見佛洛伊德
——電影與心理治療

王明智　著

人們因為遭受困頓的處境而求助於心理諮商師，卻其實在
許多電影當中，本身就蘊涵了富有療癒心靈的元素。透過
電影，我們看著一則則別人訴說的故事，也同時從中澄澈
自己的思考、省視自己的生命。

本書不僅帶領您重新領略許多電影故事，也讓您重新認識
自己、了解人性與心理的本質，是電影愛好者與欲初探心
理治療的您，不容錯過的作品。

國家圖書館出版品預行編目資料

心理學什麼：一天十分鐘，讀懂成語和人心／蘇渝評
著.－－初版一刷.－－臺北市：三民，2020
面； 公分.－－（成語有點事）

ISBN 978-957-14-6789-4 （平裝）
1.心理學 2.成語 3.通俗作品

170   109000757

成語有點事

心理學什麼：一天十分鐘，讀懂成語和人心

作　　者	蘇渝評
責任編輯	王芷璘
美術編輯	郭雅萍
插畫設計	蔡礫葳

發 行 人	劉振強
出 版 者	三民書局股份有限公司
地　　址	臺北市復興北路 386 號 (復北門市)
	臺北市重慶南路一段 61 號 (重南門市)
電　　話	(02)25006600
網　　址	三民網路書店 https://www.sanmin.com.tw

出版日期	初版一刷 2020 年 7 月
書籍編號	S858790
I S B N	978-957-14-6789-4

三民書局